몸이 기억하는 말들

김로로

시간이 지나 내 안에 차곡차곡 쌓여
힘이 되고 역사가 되는 기억들도 반드시 있다.

들어서며

　　　　　　이 책은 내 안의 모든 크고 작은 기억들과 그 안에서 피어난 관계에 대한 기록이다. 트라우마 상담 센터를 전전하며 고군분투했던 치료 과정의 일부이기도 하다. 오늘날 우리는 트라우마의 시대를 산다고 해도 과언이 아니다. 역사적 사건들뿐만 아니라 일상에서 야기할 수 있는 다양한 사건들에 언제든 노출되어 있기 때문이다. 가까운 사람으로부터 받는 충격과 상처가 평생의 트라우마가 되기도 한다. 다만 사람에 따라 시차를 두고 찾아올 뿐이다. 당장 눈에 보이는 외상이 없더라도 면역력이 나빠지면 늘 안에 있던 상처는 더 곪기 마련이다.

　다른 어떤 정신에 관련된 질환 중 유독 외상 후 스트레스 장애에 관해서는 많은 사람이 시달리면서도 정작 무심하다고 느낀다. 트라우마는 우리와 가깝지만 실제로 그것에 무지하고, 무섭고 고통스러운 기억은 누구나 회피하고 외면하고 싶어지기 때문이다. 어떤 기억은 사고 직후에는 오히려 경황이 없어 지나갈 수 있어도 10년이든 20년이든 이후 엄청난 영향력을 가져오기도 한다. 트라우마는 항상 진행형이니까.

어쩌면 과거의 기억은 그것을 없애려고 할 때마다 점점 더 또렷해져만 가는지도 모른다. 하지만 기억과는 다르게 모든 아픔은 천천히 그러나 확실히 사라진다고 믿는다. 갑자기 모든 기억을 완전히 잊게 되는 것은 어렵지만, 이 자리에서 내가 할 수 있는 최선의 방법을 찾는 것이 시작이라는 생각이 든다. 상담 센터를 찾거나 주위 사람들에게 도움을 요청해 보는 일, 가벼운 산책을 하고 좋아하는 요리를 해보는 일 등 지금 당장 내가 나아질 수 있는 사소한 일들을 하는 것. 그렇게 무감하게 걷다 보면 언젠가 단단하게 여물어진 순간이 올 거라 믿는다.

나는 오랫동안 상담을 통해 갇혀 있는지도 몰랐던 내 인생의 방의 창문을 열어보았다. 중요한 건 나의 어린 시절의 경험이 많은 문제의 근원이기는 하지만, 결코 누군가를 비난하거나 손가락질하기 위해 이 책을 쓴 것은 아니라는 점이다. 그저 공감의 방식으로 다시 태어나 느슨하게 연대하고 싶은 마음으로 글을 썼으며, 이 책은 그런 사람들을 위해 쓰였다. 자신을 부족한 사람이라 여기며 자꾸만 무너지는 사람들. 몸이 기억하는 말들에 한없이 지는 사람들. 이렇게 자리한 오랜 기억에 관한 이야기를 이제는 소중하게 이어 나가고 싶다. 이 책이 그 벽 안에 갇힌 하나의 세계를 열어, 더 나은 길을 볼 수 있도록 도움이 되는 이야기가 된다면 좋겠다. 그리고 나는 여전히 괴로운 기억보다 행복한 감각들을 오랫동안 기억하며 살아가고 싶다. 다음 계절이 오면 어제의 기억을 소중히 안고 또 다른 오늘의 계절을 지나는 것처럼 말이다.

1장
정신의 널찍한 세계

수비 친화적 인생

　　　　　　장기를 오랫동안 좋아해 왔다. 취미로 하기 시작한 것은 초등학교 때 아버지가 장기판을 사오면서인데 본격적으로 즐기기 시작한 건 고등학교 때 장기부에 들어 가면서부터다. 토요일마다 방과 후 과정으로 장기 수업을 들었다. 처음엔 장기를 가르쳐 주는 것으로 시작하지만 대부분의 시간에는 장기부 부원들이나 선생님과 함께 대국을 뒀다.

　장기는 싱대빙의 왕을 잡으녇 승패가 나는 경기다. 승리를 위해 특정한 규칙으로 움직이는 말들을 사용해서 진행되는 게임이며, 한국의 체스라고도 불린다. 기물 총수는 32개. 장기의 독특한 특징은 처음부터 졸(卒)을 좌우로 움직일 수 있다는 점인데, 심지어 졸(卒)의 규칙은 앞으로 전진밖에 할 수 없으며 이 점 역시 상당히 특이하다. 더불어 다른 기물들은 모두 초기 위치가 고정되어 있지만 마(馬)와 상(象)은 서로의 위치를 바꿀 수 있고 반드시 양쪽 측면에 마(馬)와 상(象)을 하나씩 나란히 두어 균형을 맞춰야 한다. 장기는 바둑과 비슷한 시기에 한국에 들어왔는데 이따금 나이에 따라서 연장자가 한나라를 잡는 경우도 있다고 한다. 하지만 대국이라는 자리를 깔고 많은 사람 앞에서 경기할 때는 최대한 공평하게 대국을 진행하기 위해 실력이나 연령에 상관없이 진행되기도 했다. 다행히도 방과 후 수업에서는 선생님을 포함한 모두가 공평하게 대국을 치를 수 있었다.

장기는 모든 말들이 전부 기동성이 좋아서 작정하고 방어만 하면 뚫을 수가 없다. 나는 늘 공격하는 쪽보다 방어하는 쪽이 마음 편하고 좋았기 때문에 장기를 진심으로 즐길 수 있었다. 게다가 대장 기물이 궁성 밖으로 나가지 못하기 때문에 한번 위기에 몰리면 엄청 쉽게 끝난다는 점 역시 장기게임의 긴장감을 크게 줄여준다. 그래서인지 적당한 긴장감은 좋으나 게임을 하면서 스트레스를 받고 싶지 않은 나로서는 장기가 체스나 바둑에 비해 가볍게 오래 두기에 좋았다. 체스의 경우는 왕이 밑도 끝도 없이 도망칠 수 있기 때문에 긴장감이 계속 유지된다. 반면에 장기는 대장이 도망칠 수 없다는 특징 때문에 다른 기물로 점점 수비벽만 쌓아가는 기현상이 벌어지곤 한다. 물론 방어적으로만 게임을 하다 보면 답답해지는 순간이 오기도 하는데, 인생의 수비를 한다고 생각하면서 임하면 이 게임의 진가를 느낄 수 있게 된다.

다른 게임에선 왕도 공격에 가담할 수 있는데, 그것과 비교되게 장기에선 왕이 제대로 하는 것도 없이 매우 약하니 재미가 없다는 사람이 대부분이다. 양쪽의 왕이 마주 보면 비기는 것도 장기에서만 가능하니까. 대부분의 사람이 게임에서 비기는 것을 좋아하지 않는다는 것도 그때 처음 알았는데, 나는 비기면 반쯤 이기고 나머진 진 것 같은 그 아리송한 기분이 신기하고 재미있었다. 그리고 조금 더 발전해서 그 사람이랑 다시 한번 대결하고 싶다는 생각이 꼭 들곤 했다.

대국을 두다 보면 일부러 알을 세게 내리치거나 놓자마자 낚아채는 경우도 있다. 그래서 상대방이 물러 달라고 조르는 경우가 많고, 이런 태도로 인해 곤란해지는 경우도 은근히 많다. 상황이 악화되면 상대방의 신경을 긁거나 훈수를 두면서 결국 시비가 붙는 경우도 종종 있다. 그런 이유로 옛날에 장기를 좋지 않게 보는 어른들도 많았다. 그래서 동네에선 바둑을 제외하고는 장기 종류의 게임을 두는 것을 쉽게 보지 못했다.

아버지와 경기할 때면 나는 무조건 지곤 했다. 아버지를 단 한 번이라도 이길 수가 없었고, 그는 여태 딸을 위해 한 번도 져준 적이 없었다. 언젠가 내가 아버지에게 왜 딸에게 한 번도 져 주지를 않느냐고 따지듯이 물었던 적이 있는데, 그때 그는 이렇게 대답했다. "장기는 일부러 져 줄 수가 없어. 방어하는 게임은 상대방이 수비를 제대로 하지 못하는 순간에 무너지기 때문에 공격만으로는 이길 수가 없다고. 그렇기에 결국 장기는 물러줄 수는 있지만 져

줄 수는 없는 게임이야." 이제 와 생각해 보니 물러 주는 것도 져주는 것이라는 생각이 든다. 지금까지 나는 아빠에게 수도 없이 물러 달라 말했는데. 그는 이미 몇 번이고 그만의 방법으로 나에게 져준 것이었다. 돌이켜보면 아버지는 나를 한 번이라도 진심으로 이기고 싶은 마음이 없었던 것 같다. 자식을 이기고 싶은 부모가 어디 있을까? 나는 오랜 시간 아버지에게서 지는 법을 배웠다.

　매년 방과 후 수업의 마지막 날이면 늘 선생님과 대국을 뒀다. 교실에서 부원들을 포함한 전교생의 친구들에게 동그랗게 둘러싸여 꽉 끼는 의자에 태연한 척 앉아있자면, 늘 심장이 방방 뛰었다. 인생에서 잊지 못할 순간들이었다. 졸업반 마지막 대국에서 기물들을 어디에 어떻게 뒀는지는 자세히 기억하지 못하지만, 오래 고심하던 선생님의 모습은 아직까지 기억에 남아있다. 적당히 주름진, 기미가 가득한 힘 있는 붉은 손등. 살짝 벗겨진 머리와 코 위에 있는 가지런한 심술 점 같은 것들이. 은색의 얇고 가벼운 안경을 툭툭 치던 경쾌한 두 번째 손가락도. 나에겐 그 시간이 정지된 화면처럼 남아 있다. 모든 부원들을 제치고 올라오면 마지막 대결 상대가 되어 주는 건 언제나 선생님이었다. 용기를 내 공격했을 때, 그 짧은 1분의 시간이 대국을 치른 몇 시간보다 길게 느껴졌다. 아마도 마지막 공격이 이루어지리라는 사실을 말을 두면서 직감적으로 느꼈던 것 같다. 선생님의 말들은 피할 길 없이 꽉 막혀 있었고 초조하지만 차분하게 대처하는 선생님의 미간은 적의 말들에 둘러싸인 왕의 표정처럼 초연해 보였다.

그날 경기에서 이긴 나를 앞에 두고 선생님이 해 주신 말이 있다. "늘 방어만 하는 것처럼 보여서 상대방을 안심시키지만, 누구보다 적시에 날카롭게 공격하는 법을 알고 있는 것 같다."고.

나는 기물을 사용하는 모든 게임 중에서 가장 수비 친화적인 게임이 장기라고 생각하고 있다. 그것이 내가 장기를 좋아하는 이유이기도 하다. 여담인데 축구를 보면서도 늘 수비수에게 눈길이 간다. 홍명보를 진심으로 좋아했고 지금은 김민재를 응원하고 있다. 피지컬이나 스피드를 떠나서 공간을 잘 지배하는 선수라는 생각이 든다. 그리고 무엇보다

정신력이 가장 중요한데 그들의 빈틈없는 안정감 또한 좋아한다. 어쩌면 나는 인생을 늘 수비수와 같이 장기의 마지막 대국을 대하는 태도로 살아가고 있다는 생각이 든다. 늘 용기를 내야 하는 일 앞에서 적당히 수비하고 그것을 지키는 데에만 급급했던 것 같다. 그러나 온몸과 마음을 바쳐 수비를 해온 것만으로도 감사한 삶을 살고 있다. 물론 공격수처럼 골문을 두드리는 용감한 삶을 살지는 못했지만, 언제든 갑자기 찾아오는 인생의 시련이나 적의 공격 앞에서 후회 없이 내 자리를 지켜온 것만으로도 이미 충분하다는 생각이 든다. 그리고 수비만 해오던 내가 공격을 시도했을 때의 그 위력을 나는 대국을 통해 믿게 되었다.

한동안 나는 장기부 부장을 맡아 방과 후 수업을 준비하고 정리하는 모든 것을 담당했다. 대국을 마치고 아무도 없는 텅 빈 교실에 가만히 서서, 펼쳐져 있는 장기판과 기물들을 보며 나는 늘 그날의 대국을 떠올리곤 했다. 삶에서 지는 기분을 느낄 때마다 내가 그날의 대국을 떠올린다는 사실을 선생님은 알고 계실까.

예고 없이 찾아오는 기억들

　　　　　지금까지 어디에서 어떤 분과 상담해도 결국 나를 치료해준 사람은 단 한 명도 없었다. 그리고 앞으로도 완벽한 치료제는 없을 것이라는 생각에 변함이 없다. 이번에도 큰 기대 없이 트라우마 센터를 찾았는데, 이전에 다니던 대학병원의 정신과에서 연결해 준 곳은 아니었다. 꾸준히 병원을 전전하다가 차도가 없다는 걸 깨닫게 된 남편이 차선책으로 트라우마 센터를 추천해 주었고 지푸라기라도 붙잡는 심정으로 나는 센터를 찾았다.

　처음에는 수면 장애로 병원을 찾았다. 그것은 내가 고등학교 때부터 가지고 있던 쉬이 낫지 않는 병이었다. 하루에 단 한 순간도 잠을 자지 못하거나 일주일 동안 학교에서 3시간 남짓 자는 날들이 많았다. 잠은 나에게 아주 고약한 약 같았다. 누군가에겐 보약이 되는 잠이 나에게는 마치 치명적인 사약이라도 되는 것처럼. 나는 학교에 다니는 내내 쉬는 시간마다 자야 하는 유난한 친구였고, 늘 비몽사몽이고 횡설수설하며 정체를 알 수 없는 음악이 나오는 이어폰을 종일 꽂고 다니는 별난 친구이기도 했다. 친한 친구들이야 이제는 먼저 "오늘은 잠 좀 잤어?" 하고 친절하게 물어봐 주지만, 그런 사이가 되기까지는 오랜 시간이 필요했다. 나는 어렸을 적부터 남에게 피해를 주는 것을 극도로 꺼렸기 때문에 멍한 머리를 부여잡고 들리지 않는 친구들의 말을 들으며 대화 같지 않은 대화를 하기도 했다. 수업 시간엔 꾸벅꾸벅 조는 게 일상이었다.

전국에서 가장 유명하다는 대학병원 교수부터 한의원, 다양한 종류의 약물 치료와 심리 치료늘. 안 가 본 병원과 안 해 본 치료가 없을 정도로 20대의 대부분을 병원을 전전하며 성심성의를 다했다. 대부분은 원인보다는 현상에 대한 이야기에 초점을 맞췄고, 그것이 정신적인 것과 연결되어 있다는 것을 서른 살이 넘은 후 비로소 알게 되었다. 이후부터 정신과 상담을 본격적으로 시작했고 결과는 정신적 외상으로 인한 불안장애와 수면장애, 하지 불안 증후군이라는 병을 앓고 있다는 것을 알게 되었다.

처음 트라우마 상담 센터를 방문한 날 나는 엄청난 긴장을 했다. 손에서는 식은땀이 나고 눈동자의 초점은 어디에 둬야 할지를 몰랐으며 급기야는 숨이 잘 쉬어지지도 않았다. 선생님은 긴장한 나를 보며 안타까운 눈으로 가벼운 것들부터 묻기 시작하셨다. 무슨 일을 하고 어떻게 살며 결혼은 했는지 여부와 가족들에 대해서도 나에겐 결코 가벼운 질문이 아닌 것들이었다. 또 이전 병력이나 다른 상담, 약물 치료에 대해서도 물으셨다. 나는 나를 아는 대로 대답했다. 아직도 말로 하려고 하면 불편하고 어색한 불안장애나 하지 불안 증후군 같은 것들을. 퇴사한 지는 얼마나 되었고, 유산한 지는 얼마나 됐는지 하는 그런 것들까지. 말하는 중간마다 선생님께서는 나를 멈춰 세우고 내 몸의 반응을 살펴보도록 시간을 주셨다. 처음엔 '몸의 반응을 꼭 살필 필요가 있나? 내 마음이 중요한데.'하고 생각했다. 어떤 생각을 하든 항상 몸이 먼저 반응한다는 선생님의 말씀은 몸이 하는 이야기에 귀를 기울이다 보면 마음을 알아차릴 수 있고, 몸을 살피다 보면 마음을 살필 수 있게 된다는 말이기도 했다.

긴장을 많이 하는 탓에 말하는 내내 식은땀이 나고 호흡이 가빠졌다. 때때로 불안이 엄습하면 제대로 숨이 쉬어지지 않았다. 그런 나를 단번에 알아보신 선생님은 나의 회사 생활에 대해 천천히 그리고 구체적으로 물으셨다. 나는 대학교를 졸업하면서 운 좋게 합격한 한 회사에서 9년간 일했고, 점점 더 힘들어지는 몸과 마음때문에 결국 퇴사했다고 말했다. 긴장하면 잠을 자지 못하는 것은 회사생활을 하면서 더욱 심해졌는데, 매일 있는 월요일 주간 회의를 주말에 미리 준비해 두어도 그날은 긴장한 탓에 꼬박 밤을 새우고 나가곤 했다. 그렇게 내 주말은 월요일에 있을 수간 회의를 대비하는 하루로 쓰였다. 유일한 개인 시간은 잠이나 일로만 꽉꽉 채워졌다. 회사 생활을 하는 내내 일요일에서 월요일로 넘어가는 새벽은 뜬눈으로 밤을 지새웠다. 중요한 발표나 사람들 앞에 서야 하는 날이면 이틀 전부터 심장이 요동쳤다. 그런 내가 소통이 가장 중요한 영업부에서 9년이나 일했다는 게 아직도 믿겨지지 않는다. 물론 그 안에 또 다른 여러 일들이 주어지긴 했지만 버텨온 시간을 생각하면 눈앞이 아득해진다. 그중 가장 고통스러웠던 것은 강의하는 일이었다. 이태 전 모교에 보내져 후배들에게 스토리텔링을 전하고 선배로서 귀감이 돼야만 하는 일들. 그럴 때면 나는 철저히 다른 사람이 되어 관객 앞에 서서 연기를 하는 기분으로 무대에 섰다. 분기마다 나를 모르는 수많은 사람 앞에 설 때면 나는 한없이 더 작아졌다. 반짝이는 눈을 마주할 힘이 하나도 없었지만 막중한 책임은 회피할 수가 없었다. 모교를 다녀오면 늘 더 깊은 곳으로 도망치고 싶었고 회사에 나가고 싶지 않았다. 매일 꿈속에서 누군가에게 쫓기는 것만 같은 기분으로 회사에 나갔다. 꿈에서 깨야 하겠다고 마음먹었을 땐 이미 몸도 마음도 많이 쇠약해져 있었다.

상담 선생님께서는 도움을 받고 싶은 부분이 있느냐고 물으셨다. 단번에 나는 긴장하는 것과 불안한 마음, 새벽이면 찾아오는 오래된 기억을 떨쳐내고 싶다고 답했다. 약물 치료에 관해서는 더는 전혀 효과가 없는 것 같다고. 늘 정신이 몸과 마음을 이겨내는 것 같았기 때문이다. 약물에 의존하고 싶을 정도로 약효가 있기를 바랐는데 결국 내 정신에 매일 지고 말았으니까. 이 모든 것들을 치료할 순 없어도 이전보다 나아질 수 있다는 희망 정도는 주기를 바랐다. 완벽히 치유할 수 있다고 믿고 시작해도 어려운 게 상담 치료인데 처음부터 완벽한 치료제는 없다고 생각하고 시작하는 상담은 무의미한 것 같았기 때문이다. 결국 나 자신이 아니면 그 누구도 나를 치료할 수 없고, 내가 모든 것을 놓으면 나를 영원히 놓치게 된다는 것도 깨달았다. 예고 없이 찾아오는 기억들 앞에서 지푸라기라도 잡고 싶은 이 심정이 언젠가 나를 깊은 늪에서 끌어올릴 것이라는 믿음, 그거 하나만 믿고 싶을 뿐이었다.

어째서 나는 하찮고 쓸데없는 작은 기억들 때문에 스스로를 자책하며 끊임없이 몰아세우는 것일까. 하지만 나는 이제 살기 위해 노력한다. 삶은 결국 하찮은 움직임들이 모여 하나의 큰 기억이 되니까. 예고 없이 찾아오는 기억이 이제는 더할 나위 없이 소중한 기억이라면 좋겠다. 결국엔 그런 것들이 나를 살게 할 것이므로.

기대하지 않는 마음

　　　　어떤 관계는 기대하지 않는 마음으로부터 시작된다. 상담을 받는 날이면 전날부터 아무 생각을 하고 싶지 않아 애써 말을 하지 않으려고 노력한다. 오직 나에게만 무해할 것 같은 표정의 선생님 앞에 앉아 있으면 하고 싶던 말들도 그 의미를 잃어버린다. 맞은편 창문에 잠시 닿은 가을바람처럼 어느 순간 홀연히 사라져버리면서. 어떨 땐 그의 앞에서 끝도 없이 솔직해진다. 그런 나 자신이 가끔 무서울 만큼. 그리고 어쩌면 그것을 아는 사람 앞에서 나는 한없이 작아지는지도 모른다. 그는 내가 잘 보여야 할 사람도, 잘 보이고 싶은 마음은 단 한 톨도 들지 않는 사람이지만 내 상처를 있는 그대로 아는 사람이라 자주 괴롭게 느껴졌다. 대화하다가 도망치고 싶을 때도 많았다. 이쯤이면 된 것 같다고, 그녀의 눈을 요리조리 피해 가며 하던 말을 멈추는 게 습관이 됐다. 그런 나를 그녀는 아주 잘 알고 있고 나는 날마다 들키는 심정으로 그녀 앞에 앉는다. 오늘은 눈물 정도가 아니라 바지에 오줌을 지릴 수도 있겠다고 생각하면서.

관계에 대한 갈망, 그리고 그것에 대한 마음. 그것이 갈망인지 방어인지를 상담을 통해 절절히 깨달았다. 기대하는 마음에서 실망하는 순간 갈망은 방어가 되고 만다. 어떤 기억은 모래사장의 유리알처럼 무수히 반짝이다가 시간이 지난 후에 그것이 유리였다는 사실을 깨닫게 되고, 그저 아름답게만 바라볼 수 없는 불확실한 반짝임처럼 다가온다.

어떤 한 사람의 시선에 관한 이야기를 했다. 나를 보는 시선이 탐탁지 않다고. 그것은 비단 시선만이 아니라 나의 존재 자체를 부정하는 사람에 대한 상처이기도 했다. 말하는 중간마다 잠깐 멈추고 깊이 호흡하라는 말을 들었다. 그토록 내 숨을 통제하는 것이 자주 어렵게 느껴진다. 고통의 언어를 수반하면서 가장 먼저 반응하는 것은 다름 아닌 몸이었다. 각성에 들어가면 그때부터 식은땀이 흐르고 호흡이 가빠졌다. 다리의 감각이 없어지고 어깨는 잔뜩 움츠러드는 모양이 된다.

한 어른으로부터 투명 인간 취급을 받은 적이 있다. 다른 사람을 바라보는 그 사람의 시선이나 태도를 보면 나를 대할 때와는 사뭇 달랐다. 나는 그 이유를 몰랐고, 그로 인해 혼란스러워했다. 이유 없이 미움을 받는 것이 두렵기도 했지만 왜 나에게만 이토록 매정한지를 알고 싶었다.

"그 눈빛이 어떤 눈빛으로 느껴지세요?"
"살기요. 가장 경멸하는 것을 바라보는 눈빛이요."

세상에서 처음 보았다. 어색하고 불편하고 미개한 것을 마주한 듯한 어떤 그 끔찍한 표정을. 상대는 그것을 의식하는 나를 알면서도 어떠한 노력도 하지 않으며 오히려 상대방이 알아챌 수 있도록 티 나게 내버려 두는 경멸의 표정을 짓고 있었다. 살기가 느껴지는 그 눈빛으로부터 벗어나고 싶었다. 그는 내가 사랑하는 사람의 가족이었고, 나는 내가 선택하지 않은 멀고도 가까운 가족으로부터 멀찌감치 달아나고 싶었다. 그리고 살고 싶었다.

"그 사람과 마주하는 게 무섭진 않나요? 저라면 두려운 것도 있지만 밉기도 할 것 같아요. 많이 힘드셨겠어요. 그런 상황들이."
"둘 다예요. 힘들고 두려웠어요. 물론 지금도요."
선생님은 마음을 조금 더 단단히 먹어야 한다고 말씀하셨다. 살면서 모두에게 좋은 소리를 듣기는 어렵다고. 그러니 나를 가장 먼저 챙겨야 한다고. 기본적으로 해야 할 게 있다면 안 할 수는 없겠지만, 인간적인 도리는 하되 더는 엮이지 않는 게 좋을 것 같다는 생각이 들었다. 분명 가족이기에 역할과 책임을 다해야 하는 부분이 있고, 그것을 지키되 어느 정도 나를 위해 선을 긋는 일이 필요할 것 같았다.

계속해서 이러한 생각에 사로잡혀 있다 보면 결국 상처받는 것은 나 자신이었다. 과거에서 넘어오는 생각은 과거이기에 정리할 수가 없었다. 그래서 더욱이 처리될 필요가 있었다. 상처는 계속 같은 자리에서 날을 세우고 기다리고 있고, 상황이 나아져 진심 어린 대화나 사과를 받는다 해도 쉽게 해결될 것 같지는 않았다. 그래서 내가 내린 결론은 피할 수 있다면 피하는 것이다. 그렇게 해서 자연스럽게 그 관계를 조금 더 거리감 있는 상태로 두는 것. 가장 가까운 관계나 가족도 마음이 틀어지면 안 볼 수 있는 것이다. 그런데도 상처를 많이 받은 상태에서 내 상처가 노출되면서까지 계속해서 아파할 필요는 없다는 생각이 들었다. 내 존재를 지워가면서까지 상대를 배려할 이유는 없으니까. 상처를 받는 것으로 끝내는 게 아니라 꺼내 놓음으로써 나아질 수 있는 마음도 있다. 그러나 만약 그 기회가 온다면, 상처받지 않는 것보다 중요한 건 관계에 먼저 기대하지 않는 것이다.

나의 아주 작은 고해성사

　　　　　전주에서도 한참을 더 들어간 시골. 나는 서둘러 일찍 나서지 않으면 완벽히 학교에 늦어버릴 만한 위치에 있는 작은 마을에 살았다. 그래서인지 경비 아저씨에 비할 정도로 아주 유별나게 일찍 학교에 도착하는 날이 많았다. 그날은 비가 와서 도저히 두 시간 이상 일찍 출발하지 않으면 안 되는 상황이었다. 가끔 폭설이나 우박 같은 천재지변 때문에 자연재해로 학교에 가지 못한 날도 있을 정도였다.

　실제로 우리 동네에 한번은 큰 홍수가 나서 저수지의 물이 집 앞마당의 잔디까지 차오른 적도 있었다. 잔디들은 물에 흠뻑 취해 신나서 몸을 흔들어 댔는지도 모르지만, 마을 사람들은 이장님의 걱정 어린 방송과 함께 두려움으로 밤을 지새웠다. 침수 위험으로 마을 주민 모두가 면사무소에 모여 밤을 새우는 경험을 했다. 어린아이들은 어른들의 걱정과는 달리 모두가 한데 모여 잠을 자는 것이 신기하고 재미있는지 강당 같은 곳에서 방방 뛰며 놀았다. 이불이나 물 같은 구호 물품을 차례로 받고 강당의 한가운데 눕는 이런 일은 과연 몇 명이나 가질 수 있는 특별한 기억일지를 가늠해 보았다.

 면사무소 강당에서 며칠 밤을 지냈다. 학교가 끝나면 평소와는 다른 축축한 길을 따라 집에 들르곤 했다. 위험해서 가지 말라는 방송이나 어른들의 조언을 알면서도, 급하게 나오면서 귀중품을 제외한 나의 일기장과 편지들을 두고 왔다는 사실이 나는 걱정됐고, 그 소중한 것들을 영원히 잃게 될까 봐 두려웠다. 그리고 무엇보다 누군가 내 일기장을 발견해서 읽게 되는 상상은 정말이지 끔찍했다. 차라리 침수되어 영원히 찾지 못하게 되는 편이 낫지 않을까. 그렇게 며칠간 무모하게 길가의 물을 휘휘 저으며 내 방에 있는 비밀일기장을 두루 살폈다. 모두가 집을 지킬 때 나는 그저 그것만 지키면 됐으니까.

강당에서 수많은 사람들, 그것도 내가 익히 아는 얼굴들과 아침을 맞으려고 하니 여간 곤욕이 아닐 수 없었다. 그래서 평소에 등교하는 시간보다 한 시간 일찍 일어나 채비했다. 그날은 폭우가 계속되고 유난히 회색 도화지 같은 하늘이 낮게 펼쳐져 있었다. 금방이라도 마을을 집어삼킬 것 같은 잿빛 하늘이었다. 항상 이용하던 정류장이 아닌 면사무소 근처의 정류상에서 버스를 하염없이 기다렸다. 익숙하지만 낯선 곳에서의 등굣길은 회색빛 등굣길을 환하게 밝혀 주는 것만 같았다. 기다리던 주황색 버스를 타고 매일같이 같은 버스를 타는 사람들의 얼굴을 내리훑었다. 그리고 그런 사람들을 두고 나는 마음껏 상상했다. 무슨 일을 하고, 어떤 취향을 가진 사람들인지 상상하고 살피는 일이 학교로 가는 길에 유일한 낙이 되어주었다.

그날은 너무 일찍 학교에 도착했다. 아직도 깊은 밤인 듯한, 세상이 멸망한다 해도 하나도 이상할

게 없는 하늘이었다. 교무실에는 인기척이 없었고, 나는 학급 열쇠를 찾아 교실로 터벅터벅 걸어 들어갔다. 너무 어두워서 지나가는 교실마다 불을 켜면서. 교실에 도착하니 오늘은 왠지 아무도 나오지 않을 것만 같은 묘한 기분이 들었다. 교실 바닥은 왁스로 청소한 지 얼마 되지 않았음에도 불구하고 온갖 자국으로 더럽혀져 있었다. 무료함에 딱딱한 빗자루를 들고 교실 바닥을 쓸기 시작했다. 아무도 없는 교실 바닥을 쓸자 콧노래가 절로 나왔다. 평소에 나는 학교에서 청소하지 않고 선생님의 지시를 전달하는 역할을 했다. 어울리지 않는 학급실장을 하면서는 이래저래 불려 다니며 청소하고 싶은 욕구를 참아왔었다.

선행을 할 일이 생긴다면 주저 없이 나설 것이지만, 그날은 정말 심심해서 교실을 쓸고 있었다. 그때 갑자기 교실 문이 열리고 빛나리 담임선생님이 떡하니 등장했다. 나는 그 비현실적인 상황에 당황했다. 천장이 낮은 교실의 백색 등에 반사되어 선생님의 대머리 빛이 너무 강해서 순간 눈이 부셨다. 빛나리 선생님께는 죄송하지만 당황해서 인사도 매끄럽게 하지 못했다. 그때 빛나리 선생님의 눈이 동그랗게 커지더니 순간 손뼉을 치시며 역시 괜히 실장이 아니라는 둥 아무 칭찬을 늘어놓으셨다.

그날 아무도 보지 않는 곳에서 묵묵히 교실 바닥을 쓸고 있는 나라는 인간에 대해서 그는 극찬을 아끼지 않았고, 그날 이후 나를 보는 눈빛이 명백히 달라졌다는 걸 알 수 있었다. 온종일 교실에서는 내 칭찬이 끊이질 않았고, 그 이유로 굉장히 오랫동안 나를 둘러싼 나에 대한 선한 오해가 끊이지 않았다. 나는 그런 식으로 관심을 받는 것이 너무 부담스러웠다. 누군가 내 칭찬을 하면 내 몸의 모든 것이 오그라드는 기분이었다. 그저 몸 둘 바를 모르게 되면서 진심일수록 황송하고 황홀하지만, 이면에는 칭찬받는 나의 모습이 부끄러우면서도 아찔했다. 표정을 숨기지 못하는 나로선 적어도 그 어색함은 결국 칭찬을 한 사람들의 몫이 되고 말았다.

그 일이 있고서 정말 많은 친구와 선생님이 의지하고 싶은 사람으로 나를 생각하는 것 같았다. 고백하는데, 나는 그 시간에 정말 할 게 없어서 빗자루를 들었을 뿐이다. 나는 누군가를 위해서가 아니라 나를 위해 몸을 움직였던 것뿐이다. 우리가 숨을 쉬고 살아내는 것처럼, 애쓴 일이 아니라 그건 그저 자연스러운 일이었다. 그들의 기억 속에 나는 아주 선량한 학생이고 친구였지만, 나는 늘 그들의 기대만큼 충분하지 않은 사람이었다. 나의 아주 작은 고해성사다.

부모라는 이름

 부모님의 이름은 차례대로 해옥, 만순 씨다. 해옥이 아빠, 만순이 엄마. 이렇게 설명하게 된 배경에는 사소한 이유가 있다. 초등학교 때부터 부모님 이름을 적어 내는 공란에 아빠와 엄마의 이름을 나란히 쓰면 어떤 선생님이든 꼭 집어 어느 이름이 엄마 이름이냐는 질문을 하시곤 했다. 나에게는 익숙한 부모의 이름이었지만 남들에겐 충분히 헷갈릴 만한 이름이었다. 아니면 처음부터 아무 생각하지 않고 질문하거나 또는 이름이 반대일 가능성을 염려한 작은 배려였거나.

 언젠가부터 나는 나의 부모를 호칭이 아닌 이름

으로 부르기 시작했다. 아빠, 엄마가 아닌 해옥, 만순으로. 딸이 아닌 인간으로서 존중하고 싶었고 다정한 이름으로도 부르고 싶었다. 해옥 씨는 한쪽 귀가 잘 들리지 않는 탓에 늘 스피커 핸드폰으로 크게 통화를 한다. 어떨 땐 창피할 정도로 크게 얘기해서 주변에 있는 모든 사람이 쳐다보기도 한다. 전화 너머로 들리는 "해옥! 어디야? 나와!"하고 말하는 다소 쿨한 해옥 씨의 친구들. 그러면 해옥 씨는 어쩐지 조금 곤란해진 표정으로 "지금 가족들과 식사 중이야." 또는 "자식들 보러 서울에 올라와 있어."라는 핑계를 댄다. 나의 부모도 누군가에겐 절절한 친구다. 매일 만나면서도 매일 전화하는.

한번은 해옥 씨에게 전화를 걸고 평소처럼 대화했는데 어쩐지 해옥 씨의 목소리가 난처한 것처럼 느껴졌다. 나는 일단 내 할 말을 해야 해서 빠르게 전달하고 끊었는데, 자정이 다 되어서야 다시 전화가 걸려 왔다. "너 때문에 창피해 죽는 줄 알았어. 딸이 해옥이라고 부르냐고 친구들이 묻더라. 어찌나 부끄럽던지 쥐구멍이라도 있었으면 들어가고 싶었네." 그것은 스피커 핸드폰으로 통화를 하는 해옥 씨의 불찰인 것 같다고 나는 이야기했지만 그는 절대로 스피커 핸드폰으로 통화하는 것을 포기하지 않았다. 생각해보면 가족들과 다 같이 있을 때도 그가 친구들과 스피커를 켜고서 통화하는 소리를 자주 들었으니까. 그래서 그의 친구 홍석이나 태준과 동수 같은 이름도 외워버렸다. 사실 나는 평등한 언어를 통해 소중한 것을 더 격하게 존중하고 싶었을 뿐이다. 그들이 자신의 이름이 아닌 부모라는 이름으로 살고, 그렇게 헌신하는 삶을 살다가 그들이 살아온 이름을 새카맣게 잊게 되는 현실이 나는 가장 두려웠다.

반면에 내 필명이나 별명을 부모님께는 한 번도 말하거나 밝힌 적이 없다. 부모님이 지어 주신 이름 석 자가 떡하니 있는데, 그것을 지어준 부모 앞에서 바꿔 불러 달라고 말하는 일은 왠지 모를 불효처럼 느껴졌기 때문이다. 그런 부모님이 김로로를 알고, 내 첫 책을 읽고서 꺼낸 한 마디는 처음처럼 이색히고 신선했다. "김로로 귀엽네." 왜 김로로냐고 묻지 않아 준 것도 나의 부모가 유일했다. 아마도 어렸을 적부터 집에 놀러 온 친구들이 딸을 '로로'라 불렸던 것을 알았기 때문일지도 모른다. 어렸을 적 나는 친하게 지내는 친구들을 늘 집으로 데려오는 친구였는데, 어느 순간부터 하지 않게 되었고 그때부터 서서히 잊힌 이름으로 살았다. 나의 부모는 그것을 알았고 내가 그 시절과 마음을 그리워한다는 것도 아는 것 같았다.

오래된 만화 속 케로로 중사와 이웃집 토토로를 닮았다고 하다가, 어느 날 그 조건이 결합하여 결과처럼 발생한 게 '김로로'라는 이름이었다. 본명이 발에 치일 정도로 흔한 이름이라 '로로'라고 불러주는 게 오히려 친근하고 좋았다. '김로로'라는 이름으로 오랜 시간 살아서 그런지 이제는 이게 진짜 내 이름처럼 느껴진다. 사람은 살아가며 얼굴의 형태나 생긴 모습이 조금씩 변해간다. 나는 굳이 나의 모습과 어울리는 이름으로 살고 싶은데. 가끔 장난스럽게 느껴지기도 하는 이 귀여운 이름을 이제 그만 보내줘야 할 것 같은 심정이 들 때가 있다. 지금은 어느 이름으로 살아갈지보다 어떻게 살아갈지 고민하는 김로로가 되어 있다. 무엇보다 오랫동안 잊히지 않는 이름으로 남았으면 좋겠다는 마음을 안고서.

얼마 전 부모는 나에게 갑자기 두 분 다 개명을 했다고 말했다. 동주 그리고 무성으로. 이름을 바꾸면 노후가 더 편할 것이라고 철학관에서 조언했단다. 왜 노후가 편하다는 것을 이름을 통해 믿으며 그것이 뭐 그리 중요하고 대단한 일인지는 모르겠지만 무엇보다 나는 누가 동주이고 무성인지가 너무 헷갈렸다. 그리고 지금도 헷갈리는 건 마찬가지다. 그러나 묻지 않았다. 그들도 내 이름을 묻지 않았던 것처럼. 그저 불리고 싶은 이름이 있다는 사실이 중요한 거니까. 그러니 앞으로 나는 그들을 무성과 동주로 부르면 되는 것이다. 어쩐지 쑥스러운 이름. 사랑하는 사람이 원하는 거라면 뭐든지 다 해주고 싶다. 어떤 이름으로 불러도 변하지 않을 간지러운 마음으로. 그래도 아직 이름을 바꾸면 인생이 더 잘될 것이라는 믿음과 희망이 그들에게 있기 때문에 언제 불러도 좋아질 이름이다. 얼마간의 불편함이 따르겠지만 그들의 인생의 변화와 희망을 원한다면 기꺼이 불러주는 마음. 그 이름은 그들이 내세 준 선물인지도 모르겠다.

살아가며 다양한 이름으로 살면서 대체 불가능

한 사랑을 배우고 무수한 삶의 비밀들을 가지며 한 층 깊은 이름을 갖게 된 것 같다. 이름을 바꾼 것은 그들인데 도리어 내가 희망을 가지게 된 느낌이라고 해야 할까. 그들의 이름을 쓰고 부르다 보면 내내 밝고 애틋하고 똘망똘망한 사랑이 느껴진다. 근래 들었던 이름 중에 가장 아름다운 이름이다. 뭐라고 불러야 할지 똑 부러지게 정해진 이름이 있다는 건 상쾌한 일이다. 이름이란 내 입맛에 맞게 부르는 게 아니라 상대방을 존중해 주는 가장 처음의 일인 것 같다. 그 이름을 부르고 나면 아침 산책을 하듯 명쾌한 발걸음으로 걸을 수 있게 된다. 상쾌한 하루의 시작에 언제까지 부를 수 있을지 모르는 두 개의 이름을, 부모님의 성함을 공란에 적는 그때의 마음으로 나란히 불러본다. 동주가 무성한 이름으로.

재생의 시간

　　　　　적어도 내가 초등학교 1학년이 될 때까지 우리 집은 연탄을 땠다. 그 당시 대부분의 마을 주민들이 그러했다. 나는 어렸을 적 연탄이 항상 궁금했는데, 부모님께서 연탄을 금기시하듯 대했기 때문이다. 연탄은 무연탄을 주원료로 해서 그 안에 다른 탄화물이나 점결제를 혼합해 건조한 고체 원료인데, 그 가운데 동그란 공기구멍이 뚫려 있어서 구멍탄이라고도 했다. 이때 연소의 과정에서 발생하는 일산화탄소는 인체에 매우 유해해서 공기 중에 0.05% 이상이 함유되면 중독 상태에 들어가고 결국은 인명을 해치게 된다. 나의 부모는 그것의 위험을 방지하기 위한 일련의 행동으로 우리를 근처에도 얼씬대지 못하게 했다. 마치 연탄을 가는 것은 당신들만의 몫인 것처럼.

나는 그 당시 연탄을 때기 전과 후의 색이 달라지는 것에 대해 상당한 호기심을 가지고 있었다. 그래서 항상 아버지 몰래 멀리서 연탄 때는 모습을 자세히 훔쳐보았다. 그는 목이 기다란 집게 같은 것을 항상 들고 계셨고 그것을 이용해서 연탄을 덮는 투박한 뚜껑을 여닫았다. 나는 멀리서 연탄이 사뿐히 그 안에 옮겨지는 광경을 몰래 감상했다. 들어갈 때는 검었던 녀석이 나올 때는 상아색의 그 어떤 것으로 변해 있는 꽤나 신기한 존재였다.

나는 그 행위가 참 숭고하다 느꼈다. 그것은 연탄을 한 번이라도 때 본 사람들만이 느낄 수 있는 따뜻한 감성이기도 했다. 나는 그것을 더 자세히 들여다보기 위해, 또 어느 날 일로 지친 부모를 위하여 미리 연탄을 갈아 두기로 결심했다. 8살의 나이에 맞지 않는 성급한 도전이었을까. 그러나 어떤 선한 행위를 할 때는 아무리 작은 일이라도 나이에 걸맞지 않은 행위라는 건 없었다. 나는 부모가 했던 모양

그대로 튼튼한 집게를 위로 힘껏 잡아들고, 지금 당장 부서져도 잘못될 것 같지 않은 새까만 연탄을 가볍게 내려놓았다. 결과는 나름대로 성공적이었다. 연탄은 부서지지 않았고 안으로 동그란 형태의 굴뚝 같은 곳에 잘 어울리는 모양새로 몸을 기대었다. 그 후로 나는 몇 번이나 연탄 가는 일을 했다. 물론 누가 시켜주지 않아서 몰래 해야 했다. 부모의 언성이 겁이 나 딱히 담당이라고 할 것도 없었지만, 그들을 생각하면 몇 번이고 그것을 해내고 싶었다. 이후 부모님은 나의 예상과는 반대로 몇 번의 작은 칭찬을 해주었다. "쥐방울처럼 쪼끄마한 게 어찌 연탄 가는 방법을 아느냐."고 하면서. 그 말은 내가 듣기에 아주 달콤했다. 부모님의 마음이 어땠을지는 감히 상상도 되지 않지만 나는 무척이나 기뻤다. 그리고 꼭 그렇게 여기고 싶었다. 이제 막 불이 붙은 연탄 마냥 화끈하게 타올라 수줍게 웃는 나의 미소를 보며 그들도 함께 따라 웃었다.

나는 연탄을 때는 것이 그 시절 아무것도 없는 나의 유일한 자랑거리라 생각했다. 연탄을 때는 이유도 그러하지만 경험해보지 못한 것들에 대한 이야기를 품고 있는 것이 좋았다. 특히 친구들이 실제로 연탄을 보고 직접 가는 일이란 쉽지 않은 일이었다. 학교에서는 연탄을 때는 집의 서사를 읊조렸고 많은 친구는 박수갈채를 치며 신기해하고 덩달아 기뻐하기도 했다. 나는 그것을 연탄에 의한 마법이라고 생각했다. 연탄을 때는 것에 대해 이야기하는 것이 부끄럽기보단 자랑에 가까웠고, 그런 동네와 집에 산다는 것 자체가 특별하게 느껴졌다.

연탄을 때는 일을 생각하면 지금도 그 온기가 이 눈장까지 찾아오는 것 같은 느낌이다. 나에겐 재생의 시간이기도 했던 날들. 어느 날 한 친구가 내게 연탄을 때는 게 창피하지 않으냐고 물었다. 지금 생각해 보면 우리 가족에게는 영원히 끝나지 않을 것 같은 고통의 시간이었다. 우리는 그 시간 동안 각자의 자리에서 최선을 다했을 뿐이다. 그렇게 우리는 재생하고 있었고, 나는 연탄 때는 것을 자랑스럽게 말할 수 있는 사람이 되어있었다. 앞으로 살면서 까만 연탄만큼, 그 연탄에 불이 붙은 것만큼 마음 따뜻해지는 일이 또 있을까.

나의 안전지대

　　　　　　잠이 오지 않을 때마다 부엌을 기웃거리던 시절이 있었다. 흔히 부엌 하면 냉장고를 뒤지는 모습을 상상하기 쉬운데 꼭 그렇지만은 않다. 냉장고라는 주어는 맞지만, 그것이 만들어내는 작은 소리에 이끌렸다. 부엌에서 들리는 냉장고의 백색소음이 심신의 안정에 도움이 된다고 느꼈기 때문이다. 어떤 음악보다도 냉장고의 진동이, 그 울림이 마음을 편안하게 해주던 때가 있었다. 작고 하찮은 소리 덕분에 집에서 가장 편한 공간이 부엌이 되었다는 사실을 여전히 부인할 수가 없다. 냉장고와 부엌에 애착을 가지게 된 것은 자취를 시작하면서 비롯됐다. 하나의 장소에 침실과 부엌과 거실이 모두 존재하는 작은 원룸이라는 공간에서 내 부엌의 역사는 시작됐다.

 처음 자취라는 것을 시작할 때 아버지가 사 주신 밥통이 있다. 서울에서 네 번의 이사를 할 동안 나는 늘 그것을 품에 안고 짐을 옮겼다. 보통은 식물을 안고 가지만 내가 키웠던 립살리스는 소중히 봉투에 담아두고 난데없는 밥통을 안고 매번 이사를 했다. 그러면 늘 이삿짐센터 사장님들은 밥통이 그렇게 소중하냐고 묻곤 했다. 그만큼 밥통은 내게 있어 소중하다 못해 늘 안타깝고 아름다운 물건이었다.

 이제 와 생각해보면 침대의 위치는 언제나 냉장고와 가까운 쪽이었다. 냉장고 근처는 복잡하거나 거추장스럽고 냄새가 나기에 잠을 자는 곳은 최대한 멀리 두는 것으로 알고 있는데, 나의 침대는 늘 냉장고와 가까웠다. 윙-윙 하고 자장가를 불러주는 냉장고의 그 리듬이 좋았다. 부엌이라는 공간에 있는 희미한 밥통의 불빛이나 냉장고의 백색소음 같은 것들이 텔레비전이 없는 고요한 나의 방에 작은 위안이 되어주었다.

　혼자인 건 좋지만 외로운 건 힘들었던 시절. 그 시절을 이겨낼 수 있었던 것은 부엌이라는 공간 덕분이기도 하다. 맛있는 음식을 손수 만들어 먹고, 좋아하는 사람들과 그것을 나눠 먹으며 살아가는 힘을 얻었던 것 같다. 요리하는 동안은 실제로 에너지가 솟기도 했다. 내 메모장엔 늘 수많은 요리와 재료, 그것의 이름들로 가득 찼다. 겨울이면 엄마가 보내온 김장 김치에 직접 짜낸 들기름 같은 것들, 내려갈 때마다 가지고 올라오는 시골 밭의 싱싱한 재료들까지. 집 근처 어디에서나 손쉽게 구하고 살 수 있지만 고향 집 마당에서 직접 정성으로 키워낸 채소들은 늘 숨이 달랐다.

　고향 집 마당은 가지, 토마토, 딸기, 대추, 파, 배추 같은 재료들이 널려 있는 천연 냉장고이다. 마당에 있는 딸기를 톡 하고 따서 씻지도 않고 몰래 먹는 그 맛을 잊을 수가 없다. 여름이면 동네 어귀에 수박이 주렁주렁 열렸는데 그게 그렇게 귀엽고 귀하게 느껴졌다. 걸어가다 감이라도 톡 하고 떨어지는 날이면 주변의 모든 게 영글었다는 생각이 들었다. 시골집은 마을 한가운데 자리했고 담벼락이 장미 덩굴로 덮여 있어 무척 아름다웠는데, 동네 어르신들이 보기만 좋지 잎이 떨어지는 걸 더는 볼 수가 없다고 해서 다 베어버렸다고 한다. 꽃이 필 계절에 잔뜩 부푼 마음으로 마을에 들어섰는데 그 많던 장미가 어느 순간 사라지고 없었다. 그러면서도 매년 감나무에 감은 그렇게 소리도 없이 사라지곤 했다.

나는 버섯을 가장 좋아한다. 버섯은 향이 우러날수록 그 진가를 더한다. 식감도 부드럽다. 천천히 늙는다는 점도 좋다. 버터 헤드와 함께 늘 냉장고에 빠지지 않는 존재다. 사과는 매일 아침 일어나 물 다음으로 먹는 게 습관이 되었다. 물론 우리 집 개도 함께 먹는다. 잠에서 덜 깬 눈으로 아삭아삭 사과를 먹는 개를 볼 때면 아침잠이 싹 달아나고 정신이 바짝 든다. 그리고 나는 엄마가 명절 때마다 해주는 뭇국을 가장 좋아하는데, 내가 생각보다 무를 좋아한다는 사실을 그때 처음 알았다. 엄마의 맑은 뭇국에서는 담백하면서도 슴슴한 맛이 난다.

'아무것도 시도하지 않는 것보다는 분명 의미 있는 시간일 거라고 믿어.'라는 리틀 포레스트 영화 대사를 좋아한다. 내가 영화 리틀 포레스트를 좋아하게 된 건 단순히 고향의 풍경과 비슷하기 때문만은 아니었고, 주인공 혜원이 고향에 돌아온 이유와 그것을 채워가는 삶의 양식이 나와 닮아 있었기 때문이다. 나는 여전히 서울에 살고 있지만 영화를 보며 내내 배가 고팠다. 혜원이 고향 집에 돌아와서 하는 일이라고는 그저 잘 챙겨 먹는 것뿐인데, 그건 모두 허기에서 비롯된 일이었다. 먹어도 먹어도 채워지지 않는 마음의 허기를 채우고자 애쓰는 모습. 나도 덩달아 배가 고파졌다가 영화가 끝나갈 때쯤엔 점점 허기가 채워지는 것 같은 기분이 들었다.

요리할 때는 음악을 틀어놓아도 잘 듣지 못한다. 보글보글 끓여지는 소리나 싹둑싹둑 잘리는 재료가 요리라는 이름으로 재탄생하는 일련의 모습들을 보고 늘으며 그것에 온전히 십중하게 되니까. 요리하는 동안은 모든 균형을 놓치고 싶지 않다. 나를 위해 쓰는 요리하는 시간이 나의 삶을 지탱해주므로. 무엇보다 건강한 끼니가 단단한 마음을 만든다는 것을 안다. 요리는 군더더기 없이 솔직하며 내가 쏟은 정성만큼 맛이 달라진다. 즐거운 날에 만드는 음식에서는 건강한 맛이 나고 울적한 날의 음식에서는 어쩐지 쓴맛이 난다. 늙어버린 야채를 볼 때면 내 마음이 체하는 기분이다. 대단한 요리로 만들어 주겠다고 집으로 고이고이 모시고 왔는데 아무렇게나 퍼져 있는 채소로 만들어 버린 나는 과연 요리할 자격이 있는 사람일까. 가끔은 그런 생각을 해본다.

실은 살기 어려워지면 음식을 하고 싶게 되는데 밥상을 차리자고 마음먹을 때는 이미 엄마가 빻아준 포슬포슬한 생강가루에 냉장고 맛이 완연히 배버린, 오래되어 실패한 가루의 가치를 잃은 모습이었다. 요리를 한번 시작하면 그때부터는 다른 내가 된다. 수고한 나 자신에게 선물을 주고 싶고, 사랑하는 사람들에게 근사한 밥상을 차려주고 싶은 그 애틋한 마음이 그날의 맛있는 식사를 만들어 준다. 말없이 만든 그릇 위에는 헤아릴 수 없이 많은 말과 감정이 올려져 있다.

요리하면서 삶의 질서를 배웠다. 모든 것에는

순서가 있고 그것을 하나라도 지키지 못하거나 비뚤어가면 본연의 맛을 잃어버리곤 했다. 그래도 가끔은 마음 가는 대로 해야 더 맛있는 경우도 있었지만. 마음이 헛헛할 때마다 부단히 움직였다. 냉장고에는 계절에 맞는 제철 음식 재료를 부착해 둔다. 전문적인 요리는 잘 모르지만 내게 맞는 레시피는 잘 알고 있다. 오랜 세월 담가온 그 손의 맛을. 하지만 가끔은 내가 냉장고를 좋아하는지, 아니면 그 안에 재료들을 좋아하는 건지 도무지 알 수 없어질 때가 있다. 집밥을 좋아하는 건지, 그것을 만드는 여유 있는 삶이 만족스러운 건지 모르겠다는 것처럼. 요리하는 지구력마저 떨어진 날에는 아무것도 먹지 않고 끼니를 걸렀다. 지금도 나는 하는 요리에 비해 재료가 훨씬 많이 드는 사람이다. 그런 공간을 두고 사는 사람. 그래도 그곳은 안전하니까. 늘 요리하는 동안만큼은 재료의 가격을 따지는 사람보다 재료의 가치를 절감하는 사람이 되고 싶다.

빨간 날의 블루

 빨간 차를 타던 날은 유난히도 안개가 자욱했던 풀냄새 가득한 여름날이었다. 그날은 아르바이트와 학업으로 다소 지친 하루이기도 했다. 내가 아르바이트를 하던 곳은 우리 집과는 거의 끝 동네로 한 시간 정도 차를 타고 가야 하는 이탈리안 레스토랑이었고, 친한 언니가 그곳을 오픈하면서 나와 내 친구는 함께 일을 할 수 있었다.

 사장 언니는 옆 동네에 사는 언니이기도 했는데 나보다 다섯 살 위였다. 일을 마친 어느 저녁에 언니는 약속이 있다며 내게 차를 맡겼다. 어차피 집에 가야 하는데 대중교통을 타는 것보단 언니의 차를 가져다 놓을 겸 직접 운전해서 가기로 했다. 당시 대학에 다니며 운전면허를 딴 터라 장롱면허는 아니었다. 도시에서의 운전은 다소 미숙했지만 익숙한 길이라 흔쾌히 승낙했다. 친구는 덩달아 나를 따라나섰고 지금 생각하면 조금 아찔하지만 거리낌 없이 나를 믿어주었다.

나는 당시 가장 좋아하던 아이슬란드 밴드 Sigur Ros의 아름다운 전주를 들으며 퇴근길을 달렸다. 친구의 집은 평화동이었다. 우리 집과 가장 가까운 동네. 이름처럼 평화로운 그녀의 집에 다다랐을 때 우리는 갑자기 방향을 틀었다. 지금 생각하면 다른 사람의 차로 굉장히 위험한 일이지만(분명한 건 사장 언니가 먼저 제안했다는 것이다) 우리는 인생의 방향을 틀 듯 운전대 방향을 틀어 홀연히 우리만의 모험을 떠났다.

이제 와서 사장 언니에게 신뢰에 대한 무한한 감사와 집이 아닌 곳으로 떠났던 무모함에 대한 사과를 덧붙인다면, 아주 내가 바래진 사람 같아 보일까. 우리는 단지 시퍼런 물이 보고 싶었다. 푸른 것들 위에서 새파란 느낌의 노래를 부르고 싶었을 뿐이었다. 그리고 우리는 빨간 차를 탔다. 언니의 차는 붉은 색이었다. 나는 아주 살짝 빛바랜, 아득한 시골에 있는 오래된 우체통 같은 색을 지닌 그 차가 마음에 들었다. 사람들의 시선을 받는 만큼 나의 어설픈 운전실력을 들키고 말았지만, 있는 그대로 낡음을 유지하면서도 불편하지 않은 시선을 받는 차라서 더욱 좋았다. 차 안에서는 오래된 가죽시트의 눅눅한 냄새가 났는데, 거슬리지 않을 정도로 쾨쾨했고 우리가 듣는 음악과도 잘 어울렸다.

    친구는 나와 빨간 차가 많이 닮았다고 했다. 먼 길을 갈 때 든든하게 버텨줄 만한 튼튼한 차는 아니었지만 어쩐지 듬직하게 느껴졌다. 겉으로는 한없이 약해 보여도 내진설계가 꽤 잘 되어 있었다. 주둥이가 섬세하게 긴 강렬한 차를 타고 우리는 여름의 길고 긴 밤을 신나게 달렸다. 그렇게 옥정호라는 지명을 가진 한 호수에 다다랐다. 차가 한 대도 없어서 그런지 자유로웠고, 우리는 잔뜩 들뜬 마음으로 안개 덕에 깊이를 가늠할 수 없는 호수를 느리게 지났다. 수심을 가늠할 수 없는 호수. 우리는 그 호수 가운데를 잇는 긴 다리의 가장자리에 차를 세우고 가운데로 걸었다.

 우리는 고운 음악을 하고 싶다는 아득한 꿈을 안고서 목소리를 악기 삼아 노래를 불렀다. 가사는 생각나지 않지만, 아마도 우리만의 언어였던 걸로 기억한다. 아무도 알아들을 수 없지만 분명하게 들리는 목소리로 노래했다. 친구의 음성은 맑은 느낌에 가까운 얕은 호수의 잔물결 같았고, 나의 음성은 누가 들어도 묵직하여 깊은 바다의 파도와도 같았다. 우리는 그렇게 우리만의 무대에 취해 한참을 노래했다.

 그 어려운 일을 하면서도 이곳이 바다인지 강인지 알 수 없을 정도로 고요한 호수를 바라보며, 주위의 모든 깊이 있는 것들을 온몸으로 느꼈다. 왠지 모를 황홀한 기분이 다소 격앙됐던 우리를 차분하게 만들어 주었다.

 "짝짝짝……."
 고요 속의 외침에 누군가 반응했다. 분명 그곳

엔 아무것도 아무도 없었지만 있어도 완전히 절망적이라고 생각하진 않았다. 너무 어두워서 아무것도 보이지 않았으며 박수갈채가 어디로 향하는지 분명하게 알 수 없었기 때문이다. 그때부터 등에 식은땀이 났다. 고개를 빼꼼 내밀어 조심스럽게 다리 아래를 훔쳐보자 그 아래로 수박 만한 달덩이 두 개가 둥둥 떠 있었다. 호수에 비치는 달까지 포함하면 지구 위에 총 세 개의 달이 떠 있는 그것은 참으로 희귀하고도 진귀한 장면이었다. 안개가 자욱하여 뚜렷하진 않았지만 분명한 건 두 개의 검은색 물체가 아주 희미하게 보였다는 사실이다. 그게 무엇이든 위협적인 요소라고 생각할 즈음, 정적을 깨는 한 남자의 정갈하지만 약간은 놀리는 듯한 음성이 들려왔다.

"앵콜! 앵콜!"

노래를 들은 게 분명했고, 우리는 몹시 창피해 당장이라도 빨간 차로 숨어들고 싶었다. 그러기에는 빨간 차가 너무 멀리 있었고 그들은 아주 진지하게 "낚시 중인데 혹시 한 곡만 더해 줄 수 있겠느냐."고 물었다. 우리는 당황한 채로 얼떨결에 승낙했고 아무 노래를 정말 아무렇게나 불렀다. 그리고 노래를 마침과 동시에 그 묘한 긴장감을 따라 다리 아래로 내려가자는 당차고도 무모한 계획을 세웠다.

　내려가는 길은 다소 험난했던 것으로 기억한다. 돌인지 바위인지 모를 검은색 덩어리들을 장애물이라 생각하며 요리조리 뛰어넘었다. 당찬 자세를 취하며 씩씩한 척 발을 내디뎠고, 호수 육지에 다다랐을 때 우리는 두 남자를 마주했다. 그 늦은 밤 깜깜한 물 위에서 낚시하는 고독한 풍경이 어쩐지 고상해 보이는 형상이었다.

　"이 시간에 여기서 낚시하세요?"
　그들은 여러 번 들어 이제는 전혀 문제 될 것 없다는 듯이 멋쩍은 웃음을 머금은 채로 답했다.
　"네, 집이랑 가까워서 이 시간대에 자주 해요. 지금이야말로 물고기를 많이 잡을 수 있는 가장 좋은 시간이거든요. 물고기들이 이 시간대에 활동을 가장 많이 하니까요."

　물고기 박사가 된 것처럼 읊조리는 마당에, 낚

시의 '낚'자도 모르는 물고기에 무지한 우리 두 사람은 겁도 없이 그 신기한 광경을 한참이나 바라보고 있었다. 그들은 물고기가 더 이상 안 잡혀 지루할 참이었는데 맥주나 한잔하자고 말했다. 운전하는데 맥주라니 그럴 수 없다고 답했더니 그럼 맥주 말고 음료수라도 한잔하자는 그의 말에 웃음이 났다. 우리는 그의 부모가 일한다던 호숫가 위, 그곳의 유일한 슈퍼로 다 같이 걸음을 옮겼다. 슈퍼의 이름은 기억나지 않지만, 한 가지 확실한 건 오래된 문을 거침없이 따는 그의 모습을 보면서 그가 그 슈퍼의 아들인 것만큼은 분명했다는 사실이다. 장담하건대 슈퍼 이름은 옥정호에 있는 유일한 슈퍼였으니 '옥정호 슈퍼'나 '호수 마트' 등 누구나 예측할 수 있을 법한 쉬운 이름이었을 거다. 그 동네는 나의 외갓집 식구들이 사는 곳이기도 해서 다소 안전한 마음을 가질 수 있었고, 우리는 호숫가 위에 동동 떠 있는 기분으로 슈퍼 앞 오두막에 나란히 걸터앉았다.

사실 슈퍼로 무사히 가는 길에 나는 생명의 위협을 한 번 느꼈는데, 낚싯대를 차 트렁크에 넣고 가야 한다는 그들을 돕다가(돕는다기보다는 거의 구경이었지만) 트렁크에 놓여있는 사람 머리 모양의 형체를 보고 경악했다.

"튀… 튀자."

나는 친구에게 그렇게 말했다. 아무래도 이건 아닌 것 같아서, 아직은 실체를 보지 못한 겁 많은 친구에게 손가락으로 사람 모양의 머리를 가리키며 말했다. 그때 친구는 내 손을 꽉 쥐었다. 그러자 넓은 트렁크를 가진 하얀 차의 주인은 정말이지 당황스럽다는 듯 나를 보며 말했다.

"놀라셨다면 죄송한데… 제가 미용 일을 해서 연습용 마네킹 머리예요……."

나는 이런 기막힌 우연은 없다는 듯 가까이 다가가 갈색 머리의 양쪽으로 잔뜩 찢어져 사나운 눈을 가진 성별 모를 마네킹을 한참이나 바라보았다. 진짜 같은 가짜 머리를 보고서 그제야 안도할 수 있었다. 손으로 직접 그 무시무시한 머리를 몇 번이나 흔들어 보았다. 친절하진 않지만 상냥하게 대응하는 그의 모습에 미안해서 징난이리는 듯 호탕하게 웃는 척했다. 아마도 가장 놀랐을 사람은 나도 내 친구도 아닌 마네킹의 머리를 매일같이 손질하는 주인공의 옆에 있는 그의 절친이었을 것이다. 그는 마치 트렁크에 갇힌 마네킹이라도 된 것처럼 꿀 먹은 벙어리가 되어 가만히 서 있었다.

 그렇게 우리는 오두막에 도착해 한여름 밤의 꿈만 같던 대화들을 나누었고 나이도 이름도 모르는 채로 어떤 마음속 얘기라도 할 수 있는 막역한 사이가 되었다. 서로가 아는 유일한 정보는 우리가 오렌지라는 과일의 이름이 들어가는 레스토랑에서 이제 막 일을 마치고 왔다는 것과 그들이 옥정호에 있는 유일한 슈퍼 사장의 아들과 그의 친구라는 사실뿐이었다.

 그 일이 있고 나흘이 지났을 무렵 가게로 한 통의 전화가 걸려 왔다. 머리가 긴 매니저를 찾는다는 전화였다. 사장님은 여기서 너밖에 없다는 듯 곁눈질로 나를 불렀다. 도무지 전화할 사람이 없는데 누굴까 내심 기대하며 낮은 음성으로 나는 수화기를 들었다.

 "여보세요?"
 "안녕하세요?"

약간은 높은 음역의 목소리지만, 이번만큼은 점잖아 보이고 싶어서 목젖에 힘을 주는 뉘앙스로 한 남자는 말했다. 내가 듣기엔 내가 남자고, 그가 여자라고 해도 믿을 만큼 가녀린 목소리였다.

"누구세요?"

"저… 그 저번에 옥정호 다리 아래서… 낚시하던 사람입니다."

"아 네, 안녕하세요? 그런데 어떻게 알고 전화하셨어요?"

"번호 좀 알려주실 수 있으세요. 지금 일하실 텐데."

뭔가 번호를 주지 않으면 안 될 것 같은 느낌에 자연스럽게 전화번호를 읊조렸다. 그것을 말하자마자 인사도 없이 뚜 뚜 뚜 하는 소리가 들렸다. 뭔가 살짝 기분이 언짢았지만 개의치는 않았다. 전화 매너가 없는 사람을 더러 알고 있었기에 그런 걸 별로 중요시하는 사람이 아닌 것 같다는 생각이 들었다. 그 후로 우리 넷은 종종 만났다. 마침내 우리는 서로를 자세히 알았고, 각자가 사는 동네에 관한 이야기와 대학 생활에 대한 소소한 이야기도 나눴다. 넷이 모두 동갑이라는 사실에 크게 반갑고 놀랐던 것으로 기억한다.

　우리는 우연을 통한 만남에 흥미를 느꼈으며, 낮이든 밤이든 자주 만나 서로의 낚시 생활과 고된 아르바이트에 관한 이야기를 나누었다. 함께 낚시를 즐기기도 했는데, 어느 날은 낚싯대 장인 녀석의 엄지손가락에 뾰족한 낚싯바늘이 박히면서 한밤의 응급실행 소동을 겪기도 했다. 우리는 그저 이상하게 친한 넷이 되었고, 우리가 만났던 어느 날의 우연에 대해 자주 이야기하곤 했다.

　지금도 그 친구들의 소식을 종종 듣는데, 한 녀석은 결혼했고 다른 친구는 거창하지만 국가와 사회의 공공질서와 안녕을 보장하는 일을 한다고 했다. 청첩장은 받았지만 가보진 못했다. 그들의 지금 모습이 청춘의 안개 속에서 낚시하던 당찬 표정을 하고 있을지, 세월에 낚여 올려진 물고기처럼 허무맹랑한 표정을 짓고 있을지, 나는 전혀 알지 못한다. 그저 그날의 긴 여운과 멋진 이야기를 가지고 우리는 각자의 삶을 충실하게 살아갈 뿐이다. 떠올리면 아득하고 먼 이야기 속 이상하고 아름다운 주인공들처럼. 때로는 다리 위에 빛나는 빨간 청춘을 타고 열정을 부르며, 새벽 낚시와 함께 덧없는 마음을 비웠던 우리 각자의 모습으로.

안전한 세계

전에 없던 무더운 여름, 푸른 병아리를 만났다. 더 자세히 말하면 초록과 파랑의 작고 귀여운 병아리 두 마리였다. 그 무렵 적어도 일주일에 한 번씩은 학교 앞에 노란 병아리 보부상이 나타났다. 보부상의 손을 거쳐 그 무리에서 탈출을 해도 그들의 생은 그리 오래가지 못했다. 친구들 대부분이 병아리를 키웠는데 그들의 생명은 일주일도 채 가지 못했기 때문이다. 그때는 왜 병아리를 굳이 학교 앞에서 그것도 학생들에게 판매하는지에 대한 이유를 알 수가 없었다. 한 마리에 천 원이었던 것으로 기억하는데, 지금 생각해보면 한 생명을 다루기엔 너무 이른 나이라는 생각이 든다. 아이들은 그저 귀엽고 앙증맞은 병아리를 안고서 소중히 집으로 데리고 갔다. 그때 나는 이미 집 앞 마당에 사는 수많은 생명을 떠올리며 그 울타리 안에 있는 병아리를 함께 상상해 보았다. 그런 상상을 하던 오후엔 리어카에서 대패로 밀어주던 호박엿을 먹다가 이가 나가기도 했다.

 전주에서는 난장 같은 큰 행사를 한옥마을에서 연다. 전주 사람들이 다 모인 것만 같던 그 정신없는 길에서 나는 학교 앞 병아리와는 또 다른 모습의 알록달록한 병아리들을 보았다. 병아리들은 당장이라도 쓰러질 것 같은 눈빛으로 나를 바라보았다. 상자 안에서 나가고 싶어 안달일 모양이었다. 위로 뛰고 옆으로 뛰고 서로 부딪히며 어쩔 줄을 몰라 했다. 그 와중에 그들의 식사 시간인 건지 모이를 주는 것을 한참 서서 구경했다. 그때 왠지 심드렁한 병아리 한 마리가 신경이 쓰였다. 초록색으로 염색 당한 병아리였는데, 모이를 먹지도 않고 가만히 서서 나를 올려다보고 있었다. 나는 순간 그 병아리에게 압도 당했고 우리는 인연이 될 것만 같았다. 왠지 모르게 가족이 될 것 같은 꿀렁꿀렁한 기분이랄까. 나는 그런 감정을 처음 느꼈고, 용기를 내 그 아이를 데려오기로 결심했다. 주머니에 있던 이천 원을 꺼내 들었다. 혼자는 쓸쓸할 것 같아 옆에 꼭 붙어있는 파란색 병아리도 함께 데려와야 했으니까.

그날의 작은 해프닝으로 병아리 삼매경에 빠진 나는 엄마의 손을 놓쳐버렸고 그렇게 길을 잃고 말았다. 미아가 되어 푸른색 병아리 두 마리를 박스에 담아 고이 안고서 한옥마을 주변을 서성거렸다. 엄마의 손을 놓쳤던 곳을, 병아리들이 있었던 곳이라 엄마가 다시 찾아올 것만 같았다. 그렇게 그곳에서 아직은 주인이 없는 병아리들과 엄마를 하염없이 기다렸고, 삼십 분 정도가 흘렀을까. 부모님은 놀란 눈으로 나를 찾아왔고 우리는 약간 극적으로 상봉했다. 나는 얼떨결에 무언의 허락을 받고 그들과 집으로 함께 귀가했다. 내가 기다렸던 건 엄마가 아니라 병아리들을 데려가는 것에 대한 허락을 맡는 일이었는지도 모른다.

병아리들은 넓은 닭장에서 나와 빨빨거리며 돌아다니는 걸 좋아했다. 그땐 마당에 상추도, 토마토도, 대추나무도 열려있었는데, 병아리들이 그곳을 헤집고 다니면 잠시 숲에 사는 것 같은 기분이 들었다. 또 집 앞마당에는 큰 닭장이 있었는데, 그것은 실은 원래 닭장이 아니라 개집이었다. 병아리들이 오면서는 닭장으로 개조하여 그들이 마당에 토끼나 개들로부터 안전하게 머물 수 있도록 해주었다. 그 당시 집에는 큰 황구 한 마리와 바둑강아지 한 마리, 토끼 두 마리와 병아리 두 마리가 살았다. 친구들은 우리 집을 동물농장이라 불렀고 가끔 놀러 와서 모이 주기나 토끼 상추 주기 체험 같은 것들을 하곤 했다.

병아리들은 어느새 큰 닭이 되었고 알을 낳는 암탉이 되었다. 아침이면 늘 신선한 달걀을 품고 있었다. 닭이 되니 푸른 깃털의 색이 하얀색으로 변했다. 벼슬은 영롱하도록 붉었고 깃털은 새하얀 천사 같았다. 그제서야 제법 조류처럼 보였고, 얼굴을 치켜들고 물을 마실 때면 그 목선이 아주 멋지고 늠름하게 느껴져서 거대한 공룡처럼 느껴지기도 했다.

닭들이 죽은 건 전적으로 내 부주의 탓이다. 나

는 언제까지고 그들이 우리 집 작은 마당에 존재할 줄로만 알았다. 그날도 별생각 없이 마당의 동물 친구들에게 인사를 하고 학교에 다녀왔는데, 집으로 와서 대문을 여는 순간 느껴지는 불안한 기운이 틀리지 않았음을 직감했다. 닭들은 보이지 않았고 마당엔 구수한 냄새가 풍겼다. 그날 저녁 밥상엔 오랜 시간을 함께했던 닭이 백숙이 되어 나타났다. 아마도 닭들은 어리둥절한 마음으로 부모의 손길을 마주했을 것이다. 나는 울면서 집 대문을 박차고 나갔다. 내 생애 첫 병아리들은 그렇게 세상을 떠났다. 그날 밤엔 온통 닭 생각뿐이었고, 한동안은 치킨을 입에 대지도 못했다. 부모님과는 일주일 넘게 말을 섞지 않았다. 오랜 시간 동안 마당을 공유하며 함께 지낸 가족을 그렇게 잃었는데도, 닭이라는 이유로 부모님에게 나의 슬픔은 전혀 이해될 수 없는 것이었다.

외로운 마음으로 동물들이 살아갈 다음 세상을 생각해본다. 인간들은 존재하지 않는 조용하고 안전한 그들만의 세계를. 그들은 그곳에서 여기저기 떨어진 희망의 씨앗 같은 것들을 주워 먹으며 건강한 계절들을 통과할 것이다. 봄이 오고 꽃이 피면 그들이 처음부터 원하는 깃털의 색을 가지고서 무한한 삶을 살 수 있게 된다면 좋겠다. 그날 밤 꿈에서 초록색 깃털에 두 마리 닭이 하늘로 날아가는 모습을 보았다. 내 손바닥 위에 올려질 만큼 작았던 녀석들이 날개를 활짝 펼쳐 날아가는 모습을 보며 그제야 그들에게 진심 어린 작별 인사를 건넬 수 있었다. 하늘이 온통 초록빛으로 물드는 순간이었다.

질문이 많은 사람

　　　　열 살이 되던 해에 나는 담임선생님에게 죽도록 맞았다. 내 키보다 큰 몽둥이로 엉덩이를 내리 맞았다. 선생님은 내리칠 때마다 나에게 큰 소리로 숫자를 세도록 했다. 나는 겁을 먹었으나 그가 시키는 대로 숫자를 셌고 그때 나를 바라보던 친구들의 표정이 여전히 잊혀 지지 않는다. 모두가 나를 외면하던 순간의 표정들. 일순간 정지화면처럼 머릿속에 남아 무슨 일이 있어도 지워지지 않았다. 엉덩이에 시커먼 피멍이 들어 한동안 걸을 수조차 없었다. 그때 나는 고작 열 살이었다. 부모님은 바쁘다는 핑계로 나를 돌보지 못했다. 그때 나는 모두가 나를 버렸다고 생각했다. 아직도 그 순간이 떠오를 때마다 숨이 차고 몸이 떨린다. 그때로 돌아가 선생님과 친구들에게 소리치는 내 모습을 나는 수백 번도 더 상상해왔다.

나는 반에서 가장 활발한 아이였고 친구들과 자연에서 놀기를 좋아했다. 어느 날 선생님의 호출에 교장실로 불려 갔고 나는 그곳에서 어떤 협박을 받았다. 내가 전학을 온 학교 위원장 딸아이를 왕따 시켰다는 후문이었다. 그래서 나를 퇴학시킬 수 있다고. 그 친구에게 찾아가 무릎을 꿇고 사과할지 퇴학당할지를 지금 당장 결정하라는 것이었다. 그때 나는 왕따라는 개념도 정확히 알지 못했고 퇴학이나 무릎을 꿇는다는 것의 의미 또한 전혀 알지 못했다. 순간 나는 너무 무서워졌고 죄인처럼 머리를 숙인 채 아무 말도 하지 못했다. 하물며 이유도 묻지 않고 그런 사람으로 몰아세우는 교장 선생님에게 나는 그런 적이 없다고 한들 믿어 줄 것 같지가 않았다. 담임선생님께는 자초지종을 말했으나 그 역시 내 말을 들어주지 않았다. 그날 교실에서 나는 매를 맞다가 기절했고, 한참의 시간이 흘러 눈을 떴을 땐 집에 있었다. 숫자를 센 것까지는 기억이 나지만 그

다음부터는 깜깜하게 아무 기억도 나지 않았다. 부모님은 그날 나에게 아무런 말도 하지 않았다. 나는 엉덩이와 허벅지가 찢어질 것같이 아파서 앉지도 못했고, 울고 또 울면서 엎드려 잠이 들었다. 부모님에게 들킬까 봐 숨죽여 울었다. 학교에 갔을 때는 모든 친구가 나를 외면했다. 그나마 함께 놀던 친구가 와서 어깨를 두드리며 다음부턴 그러지 말라고 말했다. 도대체 내가 무얼 했다는 것인지 영문을 알 수가 없었고, 나는 나를 제외한 모두가 거짓의 세계에 사는 것처럼 느꼈다. 그렇게 말하고 행동하고 몰아세우자 나도 모르는 순간에 정말 내가 그런 일을 한 사람이 되어 버렸으니까.

며칠 후 따돌림을 당했다는 친구의 엄마가 갑자기 우리 집에 찾아와서는 다짜고짜 따지고 들었다. 엄마가 집에 있는 날을 동네에서 주워듣고 와서는 사람들을 잔뜩 모아왔다. 엄마는 죄송하다며 두 손을 비비며 사정했다. 애가 어려서 뭘 모르고 한 일이라며 그저 죄송하다고. 나는 내가 하지 않은 짓에 대해 사과할 생각이 전혀 없었다. 엄마가 비는 모습을 보는 순간 가슴이 답답해지고 아무것도 할 수 없게 됐다. 어린 나를 계속해서 노려보는 따가운 그 눈총이 무서웠고 그 자리에서 일순간 도망치고만 싶었다. 그 순간이 너무 끔찍해서 눈물조차 나지 않았다. 그렇게 그 무리는 돌아갔지만 엄마는 나에게 또다시 단 한마디도 하지 않았다. 하물며 이유나 자초지종조차 묻지 않았다. 어른들은 그렇게 묻거나 듣지 않고 그저 본인들이 생각하고 보고 싶은 대로 세상을 바라보는 듯했다.

 그날 이후 나는 완전히 다른 사람이 되어 버렸다. 친구들에게는 적당한 거리를 뒀고 선생님이란 직업을, 어른의 모습을 한 비겁한 인간을 경멸하게 됐다. 그때 이후로도 여러 선생님은 다양한 모습으로 내게 상처와 두려움을 안겨줬고 나는 그들을 오랫동안 두고두고 미워하고 원망하게 됐다. 내가 의지할 수 있는 건 나의 구바다와 책뿐이었다. 그곳엔 현실에서 자주 도망치고 싶은 내가 상상하는 모든 것들이 담겨 있었으므로.

 나는 한 번도 좋은 선생을 만난 적이 없다고 생각한다. 나는 늘 질문이 많은 아이였고 그래서인지

참 많이 혼이 나곤 했다. 어느 날은 교무실로 불려 갔다. 질문을 그만하면 안 되냐는 선생님의 말씀에 어찌할 바를 몰랐다. 알겠다고 대답하고 돌아오는 복도에 서서 생각했다. '왜? 왜 질문을 하면 안 될까?' 그 자리에서 왜 질문을 하면 안 되냐고 묻고 싶었지만 꾸중을 들을까 봐 조용히 입을 닫았다. 나는 그때부터 수업을 듣다가 궁금한 게 생겨도 일절 묻지 않았다. 이후부터는 어떠한 꾸중도 듣지 않았다. 다만 아주 가끔 '기분이 안 좋니? 무슨 일 있니?'라는 질문을 되려 받을 뿐이었다. 선생님은 답을 하는 사람이고 학생은 질문하는 사람이라고 생각한다. 하지만 내가 사는 세상은 선생님이 질문을 하면 학생은 대답만 하는 곳이었다. 나는 날이 갈수록 주눅이 들었고 말수가 조금씩 줄어들었다. 말을 하고 질문을 하는 것조차 나에겐 두려운 일이 되었다. 나는 점점 더 작게 움츠러들었고 너무 작아 더는 작아지지 않는 목소리만큼 울적한 날들을 보내곤 했다.

그 후로 대학생이 되어 교직 이수를 했다. 궁금했다. 그 자리에서 바라보는 아이들은 어떤 모습일지. 모교에서 교정에 서게 된 날, 빛나는 아이들의 눈을 보면서 나는 그저 그들에게 따뜻한 어른이 되고 싶다는 생각을 했다. 아이들에게 질문이 많은 건 축복이라 생각하면서. 질문을 받는 건 더할 나위 없이 감사한 일이다. 대답해 줄 수 있는 게 하나라도 있고, 그것이 그들에게 도움이 되었으면 하고 바라는 마음이 있다면 그걸로 충분했다. 하나라도 더 알려주지 못해 아쉬운 마음이 드는 나를 보면서 그날의 나를 수도 없이 떠올려보았다. 만약 지금의 나와 같은 그 누군가가 그때 나의 선생님이었다면 나는 지금쯤 다른 삶을 살고 있지 않았을까.

긴장과 불안

원래 걱정이 많으세요?

고등학생 때부터 그랬던 것 같아요. 그때는 잠을 거의 못 잤어요. 그냥 잠을 푹 못 자는 게 일상이었어요. 한 번씩 잘 자다가도 이따금 다시 돌아와요. 언제 마지막으로 푹 잤는지 더듬어보면 중학교 3학년 방학 때인 것 같아요. 그 후로 쭉 신경정신과에 다녔었거든요. 그 당시에 처방해 주신 약을 먹고 수면제를 먹어도 잠이 도저히 안 오는 거예요. 새벽마다 괴성을 지르기도 하고 갑자기 요리를 하거나 음악을 크게 틀어서 부모님께서도 그때 심각성을 아셨어요.

여쭤보고 싶은 건 불면이 심해진 건 그 이후부턴가요? 왜냐하면 청소년이나 학생 때는 사실 불면증이 거의 없거든요. 이이들이 불면증이 있다고 한다면 주의 깊게 봐야 하는 건데 아까 불안장애도 잠깐 얘기한 것처럼 기질적으로 뭔가 있을 것 같다는 생각도 좀 들어서요. 어렸을 때 나에게 기억나는 것들이 있을까요?

고등학교 졸업식 날, 그러니까 스무 살이 되던 해에 가장 친한 친구가 하늘나라로 갔어요. 저는 자책한다는 생각은 안 해봤는데 한동안은 계속 그 친구가 꿈에 나왔어요. 다양한 모습으로요. 그리고 나서도 한 몇 년 뒤까지도요. 좋지 않은 상황으로 나온 건 아니고 대부분 웃거나 안타까운 표정을 하고요. 그리고 나서 직장생활을 하고 그러면서 이제 좀 익숙해졌어요. 그런데 제가 그때의 기억을 계속 가지고 사는 건지는 모르겠어요. 문득문득 생각이 나기는 하는데, 그게 저를 괴롭힌다고는 생각을 안 하거든요. 그런데 살아가면서 긴장되고 불안한 것들, 이런 것들은 제가 어렸을 때부터 가진 기질이라고 해야 하나 그런 게 계속 있는 것 같기는 해요.

　아주 어렸을 때는 개구쟁이였어요. 그랬다고 하면 지금은 다들 놀라거나 믿지 않는데요. 어렸을 때는 엄청 활발했어요. 동네 어르신들도 골목대장이라고 다들 그렇게 기억하실 만큼 늘 어떤 놀이든 제가 먼저 주도하고 이끌었거든요. 그런데 고등학교 때 이후로는 전혀 그러지 않았던 것 같아요. 말도 많이 하지 않았던 것 같고요.

　아 그래요? 원래 초등학생 때나 저학년 때가 본인 기질하고 조금 더 가깝고, 원래 그렇게 내성적이고 그러기만 하지는 않을 가능성이 있어요. 긴장된다는 느낌이나 이런 것들을 본인이 그렇게 알아차린 게 언제부터였나요?

　사실 잘 모르겠어요. 정말 모르겠다는 게 언제부턴가 확 바뀌어 버린 것 같아서요. 지금은 사람을 만나는 것 자체만으로도 굉장히 불편하고 긴장돼요. 상대에게 맞춰야 한다는 강박감이 있어서 계속 긴장을 하는 것 같아요. 실은 상담을 오면서도 그랬어요. 올까 말까 많이 망설이기도 했고요. 그냥 항상 아무 생각 없이 뛰어놀고 친구들 앞에서 웃겨주고 그런 것도 어렸을 때는 되게 잘했는데, 지금은 누군가 앞에 서야 히는 일이 있으면 너무 긴징돼서 진닐부터 잠을 못 자요.

완전히 달라졌네요. 그런데 지금 너무 의외네요. 보통 이렇게 긴장을 많이 하시는 분들은 어릴 때부터 긴장하거든요. 그 이후에 나타난다는 거 보면 이게 원래 가지고 있는 기질은 아닐 것 같고, 어떤 경험들에 의해서 나타나게 된 것 같아요. 그런 것들이 살아갈 때 불편할 정도라면 그런 거에 영향을 미친 경험이 무엇인지 그걸 좀 탐색해 볼 필요가 있어요.

성인이 되고서는 병원이란 병원은 다 다녀보고 약물치료도 받아보고 했는데 이게 안 되나 보다 해서 결국에는 그냥 적응했다고 생각하고 살았거든요.

계속 내가 이렇게 머릿속에 띄우고 있는 사건은

아니지만 좀 충격을 받는 일들이 있었나 봐요. 왜냐하면 갑작스러운 변화는 불면이든 불안이든 뭔가 자율신경계에 변화를 일으키는 거거든요. 다 극복하셨을 수도 있겠지만요. 지금 불면 증상을 얘기하셨는데 이건 신체적인 증상이기도 하고요. 그렇다면 그때 감정은 어떠셨어요?

    생각해 보면 그 당시에는 눈물이 안 났던 것 같아요. 아예 눈물이 나오질 않았어요. 옆에서 다들 슬퍼하고 또 저도 너무 슬픈데도요. 사실 그 감정이 슬픈 감정인지도 몰랐어요. 믿어지지 않았거든요. 친구가 하늘나라로 가던 날 저에게 생일선물을 줬어요. 그날이 제 생일이었거든요. 2월 13일. 친구가 함께 졸업 여행을 가자고 한 날이기도 해요. 저는 운전을 못 하기도 했지만 반 친구들이 졸업 기념 생일 파티를 하자고 했어요. 미리 잡아놓은 약속이고 오래전 약속이라 취소할 수 없어서 친구의 제안을 거절했어요. 몇 번이나 되물었는데도 계속 미안하나고만 했어요. 졸업식 당일에 생일 축하한다고 큰 초콜릿 하나를 선물로 쥐여주고 갔는데, 뒤돌아서 가는 친구의 뒷모습이 아직까지도 생생해요. 큰 목소리로 고맙다고 말해주고 싶었는데. 고맙다는 말은 한마디도 못 하고 미안하다고만 했어요. 그게 그 친구의 마지막 모습이었죠.

    그날 저녁에 친구들이랑 생일파티를 하고 있는데 그 친구의 언니가 전화를 해서 말했어요. '친구가 대천에 가다가 사고가 났다'고. 그래서 함께 가줄 수 있느냐고요. 저는 처음에 장난인 줄 알았어요. 왜 몰래카메라 같은 거 있잖아요. 친구들이 해주는 파티라서 제가 그 자리에 없으면 안 될 것 같아서 거절했어요. 그리고 몇 시간 뒤에 다시 전화가 걸려와서 말했어요. 친구가 하늘나라로 갔다고요. 믿어지지 않았어요. 순간 모든 게 멈춘 기분이었어요. 아무것도 할 수가 없었고. 친구의 시신이 대학 병원으로 이송되고 있다는 말을 듣고 급하게 병원으로 향했어요. 그렇게 병원에 도착해서 집으로 다시 오기까지의 기억은 떠오르지 않아요. 집까지 어떻게 왔는지도. 친구의 어머니께서 일단 너희가 할 수 있는 게 없으니 집으로 갔다가 장례식장으로 와줄 수 있냐는 말만 기억에 남아있어요. 정신을 차려보니 친구의 피 묻은 옷을 제가 들고 있더라고요. 제가 빌려준 옷이었거든요. 친구가 좋아하던 하얀 체크 코트. 그냥 줬으면 좋았을 걸 왜 빌려줬을까요? 그 후로 오랫동안 친구를 두 번이나 거절했다는 생각을 지울 수가 없었어요.

삼일장을 치르는 동안 친구의 영정사진이나 그의 가족들의 얼굴을 똑바로 볼 자신이 없었어요. 장례식장 1층 로비에서는 친구의 뉴스 기사가 나오고 있었어요. 아무것도 들리지 않고 모든 게 비현실 속에 있는 것 같았어요. 어제까지만 해도 웃으면서 초콜릿을 제 두 손에 쥐여주던 친구인데. 로비에서 사람들이 어린 나이에 안됐다며 친구에 대한 말도 안 되는 추측을 하거나 눈물을 훔쳤어요. 그 순간에도 정말 아무것도 할 수 없어서 멍하니 서 있었어요. 친구를 보내줄 마음도 슬퍼할 준비도 아무것도 되지 않은 채로요. 사실 제가 할 수 있는 건 정말이지 아무것도 없었어요. 삼일장을 마치고 집으로 돌아오면서 그때 처음으로 울었던 것 같아요. 친구 어머니께서 고생했다고 굴비를 한 박스씩 들려주시는데... 친구가 그날 저에게 주던 초콜릿이 생각나서 집으로 가는 버스 안에서 내내 울었어요. 친구를 이제 영영 볼 수 없다는 게 실감 났던 것 같아요. 미안하고 감사하고 말로 표현 안 되는 복잡미묘한 감정들이 한꺼번에 밀려들었어요.

 이후 종종 친구의 가족과는 연락이 닿아 안부를 묻고 지냈어요. 취업을 해서 서울로 올라와서도요. 그런데 이제 더는 못하겠더라고요. 친구만 없는 세상에서 나머지 사람들은 너무 잘 지내는 것 같았어요. 그때 친구와 함께 여행했던 운전석이나 뒷좌석에 있던 친구들과는 전부 연을 끊었어요. 친구의 장례식장에도 나타나지 않은 게 괘씸했어요. 다리가 부러졌어도 왔어야 했거든요. 사고 현장에서 어떻게든 친구를 위해 노력해야 했어요. 조금만 더 자신이 아닌 친구를 생각했다면…… 이제 와 아무 소용 없겠지만 그때 그 자리에 제가 있었다면 모든 상황이 달라졌을까요? 친구가 불에 타 죽기 전에 꺼낼 순 없었을까…… 하는 그런 생각들. 몇 번이고 상상해요. 이미 지나간 일인데 자꾸 혼자 상상하고 없는 세상을 만들어요. 한심한 거 아는데 그게 그렇게 하지 않으면 못 견디겠더라고요.

친구의 부모님은 멀리서나마 안부를 듣고 있는데 잘 지내고 계시는 것 같아요. 그러시지 못하시겠지만 여전히 잘 지내시려 노력하시는 것 같아요. 그런데요. 제가 가만히 있다가 한 번씩 이렇게 갑자기 올라오는 게 있는데, 근데 그게 뭐가 떠오르거나 슬픈 이런 순간이 아니고 그냥 갑자기 그럴 때가 있는데요... 이거 괜찮은 걸까요? 갑자기 눈물이 나와서 아무것도 못 하겠는 때가 한 번씩 있어요.

힘든 일들을 겪으셨어요. 그런데 언제부터 그런 걸 느끼셨어요? 그런 현상은 해결되지 않은 슬픔이나 우울감이 자리 잡은 것일 수 있어요. 기존에 뭔가가 그렇게 마음속에 있었는데 거기에 또 하나 얹어진 것일 수도 있고요. 그런데 지금 이렇게 얘기할 때 뭔가 감정적으로나 정서적으로 알아차리고, 그걸 느끼고 표현하시는 게 익숙한 것 같진 않아 보여요. 어떠세요?

모르겠어요. 그러니까 이게 어떤 감정인지를 정말 잘 알 수 없어서 여기 온 거예요.

지금 얘기하신 것 중에서 내가 이렇게 조금 도움받고 싶다. 이 부분이 이렇게 좀 달라지셨으면 좋겠다 하는 부분이 있을까요? 말씀하시는 중간중간 긴장하시는 게 계속 느껴져서 안쓰러웠는데, 거기에 너무 주목하면 더 긴장할까 봐 조심스러웠어요.

일단 말씀하신 긴장을 좀 완화하고 싶어요. 선생님을 만날 때만이라도 긴장을 안 하고 싶어요. 뭔가 항상 긴장해요. 하더라도 좀 덜 하고 싶은데. 그래도 이야기하다 보니 이제 조금은 괜찮아졌다는 생각이 들거든요. 사실 처음에는 엄청나게 긴장했던 것 같아요.

네, 지금은 많이 좋아지셨어요. 이런 식으로 사람 만날 때 긴장을 조금 덜 했으면 좋겠다는 거죠? 긴장과 불안이요. 긴장도가 일단 올라가면 밤에 잠을 잘 못 자요. 기본적으로요. 왜냐하면 각성 수준이 높아진 상태에서는 수면 상태에 잘 안 들어가지거든요. 그래서 가끔 이렇게 걱정되거나 무슨 일이 생기거나 하면 자율신경계가 과잉 활성화돼요. 그렇게 각성상태가 높게 오래 유지되면 불면을 초래

하게 되고요.

　불면 치료를 목표로만 가는 건 아니지만, 사실 기본적인 그 안에 깔린 이런 부분들이 내 조절 범위 안에 들어와야 조금씩 나아질 수 있거든요. 그래서 자율 신경계 조절하는 연습이나 신체 증상 조절하는 연습도 같이할 거예요. 불안한 게 감정이기는 하지만 기본적으로 신체 감각이 떠받쳐주고 있어요. 그래서 이 신체감각이 조절되지 않으면 더 긴장하게 되는 거예요. 한번 긴장하고 나면 몸에 힘이 들어간 상태에서 조금 지나면 약간 힘이 빠지면서 지금의 모습처럼 되거든요. 아마 상담하고 나가시면 기운이 빠지는 느낌이 들 거예요. 그런데 원래 그렇다는 걸 알아차리면 돼요. 각성 정도도 원래로 떨어지고. 이유가 어쨌든 간에 어떤 변화가 나한테 좀 일어난다 싶으면 그때 그 주변에 일어났던 일들이 영향을 미친 거거든요. 우리가 나중에 더 파고들어서 치료하게 되면 내 인생에서 중요한 어떤 사건들이나 순간들이 큰 영향을 미치고 있는지 알 수 있게 되고, 그동안 겪었던 그런 경험들에 의해서 영향받는 부분들을 조금씩 처리해 나가면 완전히 사라지게 되는 순간이 올 거예요. 그 수준까지는 아니더라도 어느 정도 조절할 수 있는 그런 상태로 만들고, 그걸 목표로 가는 거예요. 할 수 있어요.

2장
일터의 말

실패의 티라미수

직장을 다니면서 소개팅을 여러 번 했다. 남의 연애사는 재미있어도 내 연애 이야기를 하는 것은 별로 좋아하진 않지만 연애라고 하기보다는 시작도 하기 전에 실패한 이야기이다. 처음 지인에게 소개받았던 남자는 3살 연상의 외국계 회사에 종사하는 이 씨였다. 나와 집이 가깝다며(당시 나는 서울대 입구에 살고 있었다) 지인이 무조건 소개받아야 한다고 해서 못 이기는 척 등 떠밀려 나갔던 소개팅이었다. 지금도 서로 팔로우하고 있을지도 모르겠다. 그는 첫 만남 때 단정한 차림에 깔끔한 외모, 진한 남색 코트에 살짝 바래진 하얀색 셔츠를 입고 있었다. 뾰족한 검은색 구두와 신경 쓴 듯한 헤어

스타일, 무심한 듯 눈을 아래로 내리깔았지만 나를 틈틈이 탐색하는 곁눈질은 감출 수 없었다.

첫 만남은 오픈한 지 얼마 안 된 이탈리아 레스토랑이었다. 그가 예약을 미리 해 두었기에 가까운 곳에서 만날 수 있었다. 나는 평소 좋아하는 화이트 라구를 주문했고, 그가 무엇을 주문했는지는 기억나지 않는다. 그의 표정이나 손동작 눈빛 같은 것들을 신경 쓰느라 밥을 어디로 먹는지도 모를 지경이었으니까. 상대와의 불편한 사이와 밥을 먹는 것은 언제나 나를 체하게 했다. 이야기에 집중해야 하는데 속이 다 울렁거렸다. 그는 이어 디저트를 먹자고 제안했고, 디저트를 크게 좋아하지 않았던 나는 그가 먹고 싶다는 티라미수를 따라서 주문했다.

계속해서 그가 무슨 말을 하는데도 하나도 들리지 않았다. 처음 해본 소개팅이라 몸 둘 바를 몰랐다. 티라미수가 나오자마자 그는 기다렸다는 듯이 포크를 가져다 댔고, 나는 그 모습을 말없이 바라보았다. 그는 티라미수를 아주 맛있게 먹었다. 나도 그를 따라 커피를 한 모금 마셨다. 그런 그가 갑자기 재채기를 했고, 나는 순간 그의 입에서 나오는 분비물들을 막지 못했다. 내 얼굴에 남겨진 찝찝함 대신에 나보다도 얼굴이 빨개진 것 같은 그에게 괜찮으냐고 물었다. 그는 연신 괜찮다고 하면서도 입을 막지 않고 기침을 해댔다. 나는 눈앞에서 얼굴을 닦으면 민망해질 그를 생각해 아무런 행동도 하지 않았고, 그도 나를 보며 아무 말 하지 않았다. 그렇게 한참 대화하다가 어색하게 인사를 나누고 헤어져 우리는 각자의 집으로 돌아갔다. 데려다준다는 그의 제안을 나는 정중히 거절했다.

집으로 돌아오자마자 화장실에 들어가서 손을 씻고 거울을 보았다. 순간 나는 얼굴에 점처럼 붙어있는 수많은 티라미수 가루를 마주하고서 주저앉고 말았다. 이렇게 많은 초콜릿 색 가루가 얼굴에 이리저리 붙어있을 동안 그는 나에게 왜 한마디도 하지 않았는지 의문이 들었다. 나는 그저 그가 민망할까 봐 일부러 닦지 않았는데, 이럴 줄 알았다면 화장실이라도 갔다 올 걸. 나는 끝까지 원치 않는 배려를 한 것이다. '왜 그는 나에게 화장실을 제안하지 않았을까?' 오만가지 생각을 하면서 얼굴에 흩날린 티라미수 가루를 씻어냈다.

    시간이 한참 지나고 그를 잊어갈 때쯤 소개팅할 때 먹으면 안 되는 음식 5가지라는 게시물을 보게 되었다. 그 안에는 감자탕, 햄버거, 짜장면, 티라미수, 삼겹살이 있었다. 그 글을 첫 소개팅을 하기 전에 보았으면 도움이 됐을까. 티라미수를 주문한다는 그를 뜯어말렸을까. 의문이 들었지만 그저 티라미수만큼은 코코아 가루가 입술이나 이 사이에 쉽게 묻기 때문일지도 모른다고 생각했다. 하지만 이 사이에 끼었다면 선방이라고 생각했다. 얼굴에 핀 갈색 코코아 가루를 그는 아마도 평생 잊지 못할 것이다. 하지만 재채기는 내가 아닌 그가 했다. 티슈라도 건네 주지 하는 작은 원망보다 원치 않는 배려를 한 내가 더 창피했다. 나는 그에게 괜찮으냐고 물었지만 괜찮지 않은 쪽은 누가 봐도 나였으니까. 그 후로는 소개팅이 아니더라도 티라미수를 굳이 찾아 먹지 않게 됐다. 소개팅을 하고 돌아온 날 저녁, 그에게 잘 들어갔냐는 카톡이 왔다. 그때 나는 아무런 답도 하지 못했다.

일의 언어

　　　　　2014년 겨울, 부산으로 향하는 KTX에 몸을 실었다. 서울로 취업을 한 지 1년 정도가 채 안 됐을 때인데 승진 기간과 맞물려 부산 서면으로 발령이 났다. 처음엔 몹시 당황했다. 부산은 그동안 여행으로도 가보지 않았던 곳이었고, 무엇보다 아무런 연고가 없었기 때문이다. 대학에서 만난 친구나 사회적으로 맺어진 관계라고는 정말이지 단 한 명도 없었다. 겁에 질린 얼굴로 꼭 가야 하냐고 묻기도 전에 이미 발령 공고가 떴는데, 며칠 전 인사팀에서 따로 불러 부산에 대한 이야기를 얼핏 했었고, 그때 아마도 내가 했던 긍정적인 발언들이 이러한 파장을 불러일으킨 것 같았다. 이제 와 어쩔 도리가 없었다. 이미 엎질러진 물이었고 나는 일을 시작한 지 얼마 안 됐기 때문에 도전하는 마음으로 일단 짐을 여행용 가방에 가득 담았다. 나머지 살림살이는 지내면서 꼭 필요하게 되면 살 생각으로. 그렇게 무겁지만 가벼운 마음으로 홀로 기차에 올랐다.

부산에 처음 도착했을 땐 모든 게 너무 낯설었다. 급하게 온 터라 제대로 마음 준비를 못 했는데 오히려 그편이 나았다. 아주 오랜만에 무모하다는 느낌이 들었지만 살면서 부산에서 살아볼 날이 지금 말고 더는 없을 것 같았다. 따뜻한 바다를 자주 볼 수 있을 거라는 기분 좋은 최면을 걸었고, 부산은 생각보다 더 따뜻했다. 택시를 타고 서면으로 향하면서 기사님의 거친 욕설에 몇 번 놀랐지만 이후 부산 대부분의 사람이 억양이 센 발음 때문에 때때로 오해를 받는다는 사실을 알게 되었다. 처음엔 어디를 가도 다투는 듯한 느낌을 지울 수가 없었다. 그들의 언어는 뭔가 친절하진 않지만 그렇게 기분이 상하지는 않는 그 미묘한 감정 사이를 자주 왔다 갔다 했다.

나는 조금이라도 건드리면 부서져 버릴 것 같은 마음으로 부산에 도착했다. 일을 시작하고 이제 막 적응해 나가던 때에 부산 발령이라니. 새로운 시작은 늘 내게 긴장감과 불안감을 동반했다. 서면에 도착하자마자 근처에 있는 아무 부동산에나 들어갔다. 부동산 이름도 기억이 나지 않을 정도로 급하고 어리숙했고, 그곳에서 처음 보여준 원룸으로 계약했다. 일터와 걸어서 5분 거리의 집을 살아본 적이 없었는데, 그곳에선 어디를 가나 내가 누빌 곳은 똑같을 것 같아서 최대한 가까운 곳을 선택했다. 가장 좋았던 것은 광안리가 차를 타면 15분 거리라는 점이었다. 언제든 일하다 힘이 들면 택시를 타고 광안리로 달려갈 생각이었다. 그렇게 내가 약 일 년간 머물게 된 작은 집은 부산 서면의 시내 중심에 있는 한 원룸이 됐다.

도착하자마자 몇 시간 만에 집을 결정하고 짐을 풀기도 전에 바닥에 누워 이런저런 생각을 하다가 잠이 들었다. 그 당시 방영했던 미생이라는 드라마를 매일 켜 놓고 지쳐 잠드는 날이 계속될 거란 걸 까마득히 모르는 채로….

부산에서의 두 번째 날, 직원들과의 첫 만남은 강렬했다. 나는 브리핑 시간에 내 소개를 해야 했고, 하자마자 그들은 실실 웃기 시작했다. 처음엔 비웃는 것이라는 생각에 기분이 썩 좋지 않았다. 소개를 하는 사람 면전에 대고 깔깔깔 웃어 대던 사람들의 모습이 좋게 보일 리가 없었다. 나중에 알게 된 사실은 나의 어색한 사투리 때문이었다고 한다. 나는 살면서 사투리를 쓴다고 생각해 본 적이 없었고 실제로 서울에서도 누구 하나 굳이 출신을 이야기하지 않으면 알지 못했기 때문에 무척이나 당황했다. 적어도 한 달 정도는 내가 말만 하면 그 사람들은 피식 웃곤 했다. 그래서 그런지 처음 직원들과의 사이에는 딱 그만큼 마음의 거리가 있었다. 귀를 기울일 수는 있지만 마음을 맞추기엔 조금 조심스럽고, 호기심을 느끼면서도 서둘러 가까워지지는 않을 만큼의 거리가. 그들과 가까워지기 위해 애써 노력하진 않았지만, 일터에서 쓰는 언어를 통해 조금씩 마음의 문을 열게 됐다. 서로가 신기해하고 재밌어하면서 이것은 뭐라 부르고 저것은 또 뭐라고 칭하는지 그런 시시콜콜한 이야기를 나누며 조금씩 가까워졌다.

휴무일에는 일을 마치면 종종 광안리에 함께 가기도 했고, 그들이 사는 집에 나를 초대해 주기도 했다. 가장 가깝게 지냈던 직원의 집에는 곰 같은 차우차우가 있었는데 종종 퇴근 시간에 맞춰 회사 앞에 출몰하기도 했다. 우리가 친해지게 된 계기를 생각해보면 사투리 때문이었다. 나에겐 어느새 자연스럽게 말투와 표현에 그들의 사투리가 스며들었다. 억양이 세고 재밌는 표현이 많아 정감이 갔고 금세 익숙해졌다. 나에게는 생소하고 어색하지만 재밌고 새로운 또 다른 언어였다. 일할 때만큼은 나도 그들처럼 부산 사투리를 쓰기도 했다. 어떨 때 그들의 사투리를 쓰면 마치 스스로가 성격조차 전혀 다른 사람처럼 느껴지기도 했다. 그런 전환의 과정에서 모종의 자유로움과 쾌감을 느꼈고, 그 때문에 그들과 더 빨리 친해지고 가까워지게 됐다.

가끔 사회적인 관계로 맺어진 사람들 사이에서 나는 '말이 굼뜨다'라는 평을 듣곤 했는데, 업무를 하면서 미묘한 갈등이 생겼을 때 갑자기 튀어나오는 사투리는 그 갈등 상황을 웃음으로 바꿔주는 평화로운 도구가 되어 주었다. 일의 언어는 간결하고 아름다우며 우리 모두를 친절하게 만들어 주었다. 물론 나는 그들과 함께 있어도 이따금 외로워질 때가 많았다. 알게 모르게 소외되거나 열외 되는 일도 더러 있었다. 일 년 중 절반은 외로운 날들로 보냈다. 집과 회사만 오가며 승진하고 서울로 올라갈 날 만을 고대했다. 그럴 때마다 당시 방영했던 미생을 보며 마음을 달랬다. 장그래를 보며 어쩐지 그곳에 동떨어져 있는 나와 같은 동질감 비슷한 것을 느꼈다.

인생은 끝없는 반복이다. 반복에 지치지 않는 자가 성취한다. 이왕 들어왔으니까 어떻게든 버텨 봐라. 여긴 버티는 게 이기는 데야. 버틴다는 건, 어떻게든 완생으로 나아간다는 거니까.

드라마 〈미생〉 중

그렇게 끝없는 반복을 버텨내며 조직이 성과를 내고 작동하는 모습을 목도했다. 그 안엔 분명 고통스러운 부분도 있었다. 처음 한동안은 일이 끝나면 집 밖에는 갈 곳이 없었는데, 집과 회사를 전전하다

보니 휴무일에도 자연스레 일터를 찾게 됐다. 분명 서울과는 또 다른 외로움이 있었고, 말투에 초점을 맞추다 보니 말의 의미를 잃고 말의 맛에만 집중하게 되는 순간도 있었다. 평소 말투에 대해 특별히 신경을 쓰진 않았지만, 정확하게 주고받는 데 초점을 맞추다 보면 부산에서는 확실하게 말의 맛을 살리는 쪽으로 쓰게 됐다. 처음엔 문장이 바로 떠오르지 않을 정도로 경직되고 더듬거렸는데, 지내다 보니 사이즈가 딱 맞는 옷을 입는 느낌처럼 그곳에 맞는 다소 격앙된 말투로 이야기하는 게 편하게 느껴졌다.

나에게 사투리라는 새로운 언어는 내 생각과 태도를 일상에서 일터로 옮겨주는 듯했다. 주변의 불필요한 정보들은 없애 버리고 진짜 중요하고 간절한 것들만 남긴다. 이곳에서는 모두가 똑같은 출발점에 서서 같은 곳을 같은 목적으로 함께하며 친해지는 경험을 한다. 그러다 또 다른 언어를 마주하면 그 사람을 둘러싼 온갖 배경이 판단의 기준이 되는데, 그것들을 마음속으로 저울질하거나 짐작하면서 서로 멀어지기도 한다. 사투리는 공동체 의식을 가지게 한다. 배울 수 있는 게 일 뿐만이 아니어서 다행인 시간이었다.

그 후 나는 승진을 하면서 다시 서울로 올라오게 되었다. 그때까지 일 년간 나는 부산에서 주변 사람과 맺는 마음과 오가는 언어들에 귀를 기울이며, 내 마음의 결도 살피고 상대의 언어도 생각하는 일을 조금 더 능숙하게 해낼 수 있게 되었다. 돌이켜 보면 수줍고도 강인한 언어가 통하는 순간은 희미하게 반짝 스치는 햇살 같기도 하고, 말간 웃음 같기도 한 그런 시간이었다.

부를 수 없는 이름들

2019년 10월 29일에는 직장에서 만난 친구와 이태원에 있었다. 저마다 자신을 돋보이게 하는 반짝이는 수많은 신발 사이에서 나는 거의 체육대회 첫날 신을 것 같은 검고 튼튼한 운동화를 신고 있었다. 나는 자주 바닥을 보고 걷기 때문에 거리에 있는 쓰레기나 신발 같은 것들이 눈에 잘 들어온다. 그래서 잘 부딪히거나 가끔 넘어지기도 하지만. 그날 이태원에 있는 신발들은 하나 같이 인상적이었다. 축축한 거리 위, 반사하는 빛에 반짝이는 수많은 구두가 그들처럼 눈이 부셨다.

우리는 이태원의 한가운데, 2층에 있는 작은 바

모퉁이에서 와인 한잔을 홀짝였다. 어두운 창가에 앉아 눅눅하지만 활기찬 거리를 내려다보았다. 우리는 왠지 시키면 운동화나 거리처럼 눅눅한 것 같아서 와인 한 모금 한 모금에 그 활기를 함께 머금으려고. 이름도 기억나지 않는 레드 와인 한잔을 마시고 천천히 일어섰다. 버스나 지하철도 없고 택시도 잡히지 않아서 집까지 졸면서 걸었다. 사실 걸을 수 있는 거리는 아니었기 때문에 걷다가 사람이 줄어들면 그때 택시를 잡을 요량이었다. 결국 우리는 택시를 타지 못했고 중간에 첫차를 기다렸다. 새벽 같은 아침이 되어서야 첫차를 타고 집으로 돌아왔다. 퀭하고 수척해진 얼굴을 보며 핼러윈 분장이 따로 필요 없다고 생각했다. 그날은 그대로 잠이 들었고 꿈에서는 발이 없고 목적지도 없는 여러 신발을 보았다.

2022년 10월 29일 저녁엔 집에 있었다. 언리미티드 북페어 첫날을 마치고 이태원으로 향하던 기대 가득한 발걸음들 사이를 지나 집으로 돌아왔다. 개밥을 주고 다음 날 있을 북페어를 위해 부족한 도서를 챙기고 아주 늦은 저녁 식사를 했다. 정리하고 잠을 청하려는 찰나에 다급한 구급차 소리가 들렸다. 쉴 새 없는 소리에 정신을 잃을 정도로 그날따라 유난히 크게 들리는 것만 같았다. 창문 너머 일렬로 급하게 달리는 구급차를 여러 대 보았다. 그리고 그날 저녁에 참사 소식을 듣고는 밤잠을 설쳤다. 그 후로 한동안 그날에 대한 뉴스 기사와 영상들이 머릿속을 떠나지 않았다. 사람들은 온통 거리에 남겨진 슬픔에 휩싸였다.

늘 나의 개와 가족들과 함께 낡은 운동화를 신고 걷던 길이었다. 이태원에 수많은 걸음이 가득했던 그날 이후, 희생자들의 유실물에 관한 기사를 보았다. 그 많은 유실물 중에 한쪽이 발견되지 않은 것만 66켤레나 되는, 군중에 밟혀 훼손된 신발의 사진을. 내가 매일 신고 걷던 운동화와 닮아있던 짝을 잃은 신발들이었다. 그리고 어쩌면 그것은 영원히 신을 수 없는 신발 같았다. 인간의 연약한 발로 걸을 수 있던 경계선 안에서 아무리 걸어도 절벽에 닿는 기분. 영원히 도움받을 수 없는 기분이었다. 주인을 잃은 66켤레의 신발을 천천히 살피며 알 수 없는 감정을 느꼈다. 골목은 그날의 수많은 신발 자국

만을 남겨 놓았다. 소중한 걸음들이 멈춘 그곳에 또 다른 걸음들이 멈춰 선다. 그들의 신발 끈을 묶어주었을 수많은 손과 부를 수 없는 이름들 사이에서 이제는 그저 제 자리를 지킬 뿐인, 누군가에게는 전부였을 한걸음이.

생생한 실감

       추위병. 추위 알레르기는 일명 한랭 알레르기라고도 불린다. 정상인이 견딜 수 있는 정도의 저온에서 단시간에 생기는 한랭 과민 증상에 대해 임상적으로 명명한 통상적인 호칭이란다. 한랭 자극, 즉 냉고형물 냉수 찬바람, 한기 등에 노출될 때 발증하는데, 발증온도는 5~300℃와 비교적 고온에서 폭이 있어 극히 단시간에 발증하는 것이 특징이기도 하다. 이러한 점에서 전신 체온증이나 동상, 동창(凍瘡) 등의 한랭 상해와는 엄연히 다르다. 나는 이것에 걸렸다. 가지게 됐다는 표현이 어울릴 만큼 몸이 먼저 영하의 온도를 알아차렸다.

서른 살 무렵부터 한랭 알레르기가 생겼다. 보통의 겨울 중 하루의 최저기온에 노출되면 두드러기가 났던, 살아가면서 다양한 알레르기가 생기고 없어지기를 반복하면서 생소한 음식을 먹어보는 것에 대한 두려움이 생겼다. 먹는 것에 있어서는 늘 새로운 것에 도전하거나 맛있는 것을 골라 먹는 걸 좋아하곤 했는데 어느 순간부터는 몸을 사리게 됐다. 변화를 조금씩 거부하게 되는 건 나이를 먹은 증거라는 이야기를 들은 적이 있는데, 이렇게 조금씩 새로운 것들이 생소한 것이 되어버렸다. 사실 딱히 먹는 것을 인생의 우선순위로 두고 있진 않지만, 좋아하는 사람들과 도란도란 이야기를 나누며 맛있는 것을 먹는 것에 대한 소소한 기쁨은 누릴 줄 알았다. 갑각류와 견과류, 키위를 빼놓으면 완벽하니까.

결혼을 앞둔 일주일, 생각이 많아져 오래 걸었던 어느 날에 한랭 알레르기는 심각한 얼굴을 하고 내게 찾아왔다. 그날은 유난히 바람이 많이 불었고 나는 마스크를 끼고 있었다. 차가운 바람이 마스크와 맞닿은 볼을 자극하면서 벌겋게 달아올랐다. 처음엔 마치 아주 진한 빨간색 볼 터치를 한 것처럼 나름 봐줄 만하다고 생각했는데, 시간이 갈수록 따끔 거리면서 붉은 살들이 화산 폭발이 난 것처럼 벌겋 고 다급하게 올라왔다.

  병원에 내원해 알레르기 검사를 받았다. 기존에 잠식해 있던 알레르기 중 어떤 것은 사라지고 새로운 알레르기들이 속속 등장했다. 평생 좋아하던 견과류는 일찌감치 포기했는데, 이제 가장 좋아하는 계절을 제대로 누릴 수 없다니. 세상에 이처럼 허무한 일이 또 있을까 싶었다. 유독 볼 주변에만 알레르기가 심해져 꼭 술에 취한 사람이 된 것 같아서 마스크 뒤에 있으면서도 자꾸 숨고 싶어졌다. 그럴 때마다 손으로 마스크를 슬쩍슬쩍 길어 올렸고, 그럴수록 살은 점점 더 쓰라렸다. 겨울이 되고 기온이 영하로 떨어지면 밖을 걷다가 함부로 마스크를 벗을 수도 없었다. 3년간 동거했던 실내 마스크 착용도 권고나 자율로 바뀌면서 약간은 서운한 마음이 들었다. 그렇게 불편하게 느껴졌던 것들도 적응을 하고 나니 약간은 아쉬운 마음이 들기 마련이구나. 세상은 아이러니다. 아니, 그런 세상에 익숙해지는 내가 아이러닌가. 그렇게 때로는 불편함을 자청

하며 살아가기도 한다. 그것을 나와 남을 위하는 일이라 각별히 여기며.

　나의 지금은 가장 깊은 쓰라림으로 산 시간이다. 생생한 실감. 쓰라림이 없는 아픔은 없으니까. 아프다고 해서 도망치거나 외면하는 일은 하고 싶지 않다. 나는 겨울을 가장 좋아하고 눈을 포개며 걷는 산책을 가장 좋아하니까. 쓰라린 볼을 감내하며 내가 보는 것을 더 제대로 보고 싶다. 몸이 반응하는 알레르기는 어쩌면 나에게 반항하는 나, 거스를 수 없는 나이기도 하다. 겨울을 싫어할 수 없으니 알레르기를 안아줘야 한다. 발갛고 귀여운 두드러기를 온 마음을 다해 따뜻하게 덮어줘야겠다.

집을 지어가는 방식으로

　　　　　부모가 된다는 건 누군가 걱정 없이 누릴 수 있는 집을 만들어 놓는 과정이라는 생각이 든다. 나는 아직 부모가 되어본 적이 없어서 그들의 조건 없는 사랑의 방식을 자세히 헤아릴 길이 없지만, 늘 그들의 깊은 마음이 무엇보다 궁금했다. 나의 부모는 살면서 쉬운 날이 단 하루도 없어 보였는데 적어도 그들의 모든 생활방식은 나와 오빠가 태어난 때를 기점으로 모두 뒤틀려 버렸다고 말할 수 있을 정도였다. 그들의 인생은 늘 힘든 만큼 명확했고, 분명하게 하는 모든 행동에는 온전히 자식을 위한 배려가 묻어났다.

나는 결석하고 싶은 날이면 늘 내 부모를 생각한다. 지나치다 싶은 정도로 선하고 정 많은 나의 부모를. 나의 부모와 다르게 나는 쉽게 인연이라는 것을 믿는 편이다. 우연히 일어나는 좋은 일들을 내심 바라던 적도 많았는데 나의 부모는 그렇지 않았다. 그들은 삶에서 결석한 날이라고는 단 하루도 없었고 아파서 땅을 기어도 기필코 부모라는 책임을 다했다. 아플 수가 없었기에 아파도 마음껏 아팠던 것은 아니었다. 어리고 서툰 부모가 아이와 함께 자랐던 시간이 있을 것이다. 나의 부모가 짊어진 책임의 무게가 삶의 형태로 거듭나기까지 얼마나 오랜 시간이 걸렸을지 자식으로서 조금도 가늠할 수가 없다. 그저 답답할 정도로 그 시간에 충실했을 것이며, 처음엔 어설펐겠지만 분명 잘 해냈을 것이다. 그들의 인생에 대가 없이 받는 상 같은 건 없었으므로.

자신보다 아끼는 자식이 희귀병으로 영원히 걸을 수 없다는 청천벽력 같은 소리를 들었을 때 그들의 세상은 완전히 무너졌다. 눈에 넣어도 아프지 않을 첫째의 갑작스러운 희귀병과 다른 가족의 곁으로 잠시 보낸 둘째. 온종일 병원에서 첫째의 수발을 들면서도 그들은 둘째의 안부를 걱정했다. 당시 함께 하는 시간보다 중요했던 건 돈이었다. 그것이 없다면 그들이 쌓아온 모든 게 송두리째 무너져 버리기 때문이었다. 우리는 서로가 각자의 위치에서 힘든 시기를 잘 버텨냈다. 부모는 감당할 수 없이 불어나는 병원비에 밤낮으로 일하면서도 빚을 졌으며, 첫째는 골수를 이식하는 과정이나 어려운 치료과정을 씩씩하게 참아냈고, 둘째인 나는 다른 가족의 집에서 1년을 지내며 눈칫밥을 먹느라 어린 나이에도 살이 쪽쪽 빠졌다. 그렇게 서로를 이해하지 못해도 사랑하는 마음으로 그 힘든 시기를 함께 이겨냈다. 지금도 가족들과 나누는 이야기의 8할은 그때의 이야기다. 돌아가고 싶진 않지만 돌아보면 그리운, 마음 아프고 애틋했던 그 시간들.

나는 아마도 부모가 되어서도 내가 감당할 수 있는 만큼의 최선을 다하지 않을까. 나의 부모처럼 모든 희생의 짐을 짊어지고 살아갈 수 있을까. 난 하루라도 편히 쉬었으면 하는 마음으로 부모의 일에 이래저래 간섭하는 요즘이다. 오빠도 나도 어엿한 직장에 가정을 꾸렸고, 이제 더는 그날처럼 애쓰지 않아도 된다고. 그런데도 부모는 손주에게 줄 용돈을 벌 것이라고 했다. 이미 충분하면서도 모자랐던 기억 때문에 미리 걱정하고 준비하는 것이다. 있을지도 없을지도 모르는 손주의 용돈이라는 대답에 답답함과 서글픔이 함께 차올랐다. 언제나 그렇게 말하는 나의 부모는 딸 대학 졸업할 때까지만, 아들 취업할 때까지만, 아들 결혼할 때까지만, 딸까지 가정을 이루고 나면, 손주 낳을 때까지만, 손주가 학교 들어갈 때까지만……

아마도 부모라는 이름의 존재는 그들이 죽어가는 순간까지 오직 자식 걱정에 시간을 쓸 것이다. 그런 부모 덕분에 나는 아무것에도 다칠 수가 없다. 그리고 어떤 일이 벌어져도 무엇이든 괜찮았다. 든든한 그들이 있기에 가능한 일이다. 넘어져서 피가 나더라도 그들의 대가 없는 다정한 손을 움켜쥐며 일어난다.

가끔은 나의 부모를 보며 나의 나이 듦에 감사한다. 늙어버린 사람 앞에서 이런 말 하는 것 아니라고, 그렇게 배웠지만 나는 이렇게밖에 말할 수 없다. 여전히 나는 내가 하고 싶은 대로 모든 것을 하며 사는 사람으로 커버렸는데. 대체로 나의 부모가 가진 모든 좋은 점들을 그대로 흡수한 채 늙어가려고 한다. 누군가가 느끼는 불편을 덜어주기 위해 애쓰는 것, 상대방의 넘어선 경계에 내가 더 마음 아픔을 느끼는 것도 모두 내 부모에게서 배웠다. 조금 손해를 보더라도 내 마음 당신 마음 편하면 그만인 일들. 그것이 우리 모두를 위한 일임에는 틀림없다. 그리하여 나는 앞으로도 그러고 싶다. 부모의 딸로서 그냥 내가 꼭 그렇게 하고 싶기 때문이다. 아픈 사람을 조금은 덜 아픈 사람이 품어주고, 여린 사람에게 단단한 사람이 있어 주고. 부모가 내게 있었듯 사람에게는 사람이 있어야 한다.

부모에게 늘 마음속으로 용서를 구한다. 그들에게도 동굴이 있다면 몇 달을 살다 나오고 싶을 것이다. 어쩐지 너무한 나는 늘 그들의 동굴 밖에 있다. 깊은 동굴 앞, 그들이 사랑하는 나무 곁에 오래 앉아 흔들리는 풀잎 같은 것들과 높은 자세로 뛰어오르는 물고기들, 짙은 바람 냄새, 돌에 낀 이끼 같은 것들을 보면서 자식의 오늘을 떠올릴 것이다. 그들에게는 언제나 내가 있고, 그리운 대상이 있는 것만으로도 나는 살아갈 힘을 얻는다. 있는 힘껏 표현하며 살아도 표현되지 않는 것. 내가 부모에게서 배운 사랑으로 나도 아마 언젠가의 자식을 대할 것이다. 이렇게 언젠가 꼭 부모가 되고 싶다고 생각한다.

그들에게 시간을 선물하길 소망한다. 시간을 살 수 있다면 그들의 지난한 시간을 돌려주고 싶다. 결코 낭비가 아니라 말하는 그들의 시간이 헛되지 않게 지켜주기 위해. 지금의 나와 같을 그때의 부모를 지금의 내가 꼭 안아 주면서. 그들도 쉴 그늘이 필요했을 것이란 걸 나는 이제야 안다. 이제라도 편히 쉴 수 있는 작은 그늘이 되어주고 싶다. 그들이 나에게 지금껏 해준 것처럼. 내가 선택할 수 없는 것 중에 가장 값진 나의 부모를, 선택이란 걸 할 수 있다면 나는 그들의 부모가 되어 끝없이 응원해 주고만 싶다.

그들의 시간을 결코 헛되이 하고 싶지 않다. 내가 살아가는 동안 나는 나의 시간을 살 수 있는 일들을 할 것이다. 그렇다면 이제는 그들이 지어온 집에서 걱정 없이 누빌 수 있도록 수리해 나가는 과정이 필요할 것이다. 그리고 그것을 그들에게 선물하며, 온전히 다가갈 수 있는 유의미한 일들을 앞으로도 계속해내야만 한다. 가능한 그들의 시간을 살 것이며, 나의 시간을 팔아 그들이 집을 지어가는 방식으로 언제까지나.

깨끗할 고독의 정리정돈

계절이 바뀌면 대청소를 한다. 일 년 중 여름이 오기 전 그리고 여름의 끝에서 두 번의 큰 정리를. 딱히 정해 놓은 계절은 아니지만 여름을 기준으로 묵혔던 것들을 정리할 수 있는 힘 같은 것이 생긴다. 나는 울적할 때마다 몸을 부단히 움직인다. 주로 옷 정리, 청소, 정리 정돈을 한다. 뭔가 생각을 담거나 버려야 할 때 굳이 몸을 쓰고 싶어진다. 한때는 먼지가 잔뜩 쌓인 오래된 물건이나 옷을 버리게 될 때마다 그 옷과 함께한 추억을 버리는 것만 같아서 마음이 쓰였다. 그렇다 하더라도 비우고 나면 담을 것들이 훨씬 더 많아진다. 그래서 자꾸 버리게 되고 그럴 걸 알면서도 쏠쏠하다. 비우면서 아쉬워지는 마음이 드는 것은 고인 마음을 비우고 새로운 것들로 다시 채우는 것에 따른 대가이기도 하다.

지금도 미니멀 라이프를 꿈꾼다. 그리고 그렇게 살고 있다고 믿는 눈치지만 남들의 살림에는 관심이 없어 비교할 대상이 없다 보니, 공간을 제대로 쓰고 있는지에 대한 고민과 의문이 들 때도 있다. 딱히 공간을 공유해 본 적도 없어서 잘 모르겠다. 그래도 가만히 두고 보면 맥시멀 리스트가 아님에는 분명해 보인다. 단, 식물을 빼놓고 말했을 때 그렇다.

나는 옷을 한 벌 살 때마다 기존에 소유한 옷 한 벌을 버려야만 한다. 그것은 내가 정한 규칙이다. 그래야만 쌓이지도 모자라지도 않게 늘 그대로 적당하니까. 적당하기란 꽤 어려운 일이기 때문에 버리는 것에 대해서 큰 미련을 가지지 않으려 한다. 쓸데없는 자조와 관계에 대해서도 마찬가지이다. 버려야 할 것들에 대해서는 가감이 없어야 한다고 생각한다. 그렇다고 한 치의 망설임이 없지는 않다. 어떤 물건은 수백 번도 더 고민한다. 이것을 버려도 될까. 이건 비워도 괜찮은 걸까. 그러니까 내가 과연 이것에 미련을 두지 않을 수 있을 것인가, 하는 것들을.

    만남에도 늘 이별이 있고, 하나가 가면 또 새로운 하나가 오듯이. 지나가는 날들에 더는 새로운 하나가 오지 못하게 되는 순간이 오더라도, 지금 가진 가장 소중한 것들을 가만히 들여다보며 오래오래 버리지 못할 이유를 찾아낼 수 있었으면 좋겠다. 그리하여 적당히 혼란스럽고 절묘한 균형감을 가진, 깨끗하게 더러워지지 않는 여름날의 대청소가 오래 계속되기를.

겨울에 온 하얀 개

하얀 개의 냄새를 가만히 맡고 있노라면 언젠가 엄마가 고향에서 끓여준 미역국 같은 은은한 바다 비린내가 난다. 겨울 바다 앞에 서 있는 것처럼 코끝이 찡하게 아려온다. 이토록 강렬한 냄새를 품은 개가 또 있을까. 우리 집 하얀 개를 떠올리면 시각적인 면보다 후각적인 면이 나를 두드러지게 자극했다. 나는 후각에 굉장히 민감한 사람이다. 후각은 내가 느끼는 오감 중 가장 으뜸인 감각이다. 이 냄새 나는 동물은 그것을 아는지, 늘 매력적인 향기로 예뻐해 달라고 유혹한다. 가끔 파마약 냄새가 나는 고약한 오줌 냄새는 미용실에 있는 듯한 기분이 들게 만든다. 챙겨주는 비타민이나 사과 때문인지 먹는 것은 늘 똑같은데 뇨의 색은 매번 다르다.

 그녀는 플란다스의 개처럼 의젓하지도, 하치의 개처럼 충성스럽지도 않다. 그런 우리 집 하얀 개의 이름은 봄이다. 봄, 여름, 가을, 겨울의 봄이. 이유는 나도 모른다. 그저 전 주인이 지어준 이름이라 그대로 부를 뿐이다. 이름을 바꾸기엔 너무 늦은 나이이기도 했고, 봄이가 혼란스러워서 할 것 같아 그만두었다. 겨울에 태어난 봄이를 왜 봄이라 했을까. 그녀는 이 세상 개가 아닌 것 같은 행동을 더러 하곤 했다. 가끔 산책할 때면 상대방 개를 잡아먹을 듯한 용맹한 모습으로 나를 깜짝 놀라게 하는 게 대표적인 예다. 그는 겨울에 수북이 쌓인 눈처럼 고요히 차분하다가도 개만 보면 맹수처럼 제자리를 빙빙 돌며 흥분한다. 한번은 산책하다가 사거리 신호등에서 목줄을 뜯어 풀어버리고 다른 개에게 전력 질주를 했다. 신호가 바뀌었고 봄이는 사거리 한 가운데에서 차에 치일 뻔했다. 사람들은 소리를 질렀고 나는 죄인이 되었다. 뛰어들 수도 없는 상황에서 애꿎은 이름만 불러댔는데 순간 겁에 질렸던 건지 불안한 눈빛으로 꼬리를 흔들며 나에게 달려왔다. 그렇게 위험한 순간은 여러 번 있었다. 그때부터 봄이는 흥분만 하면 목줄이란 목줄은 죄다 풀어버리게 됐다. 대안으로 하네스와 목줄을 동시에 하고 다니면서부터는 더는 안되는 걸 아는지 자신도 포기를 했던 것 같다.

천방지축 하얀 개를 만난 건 꽤 오래전 일이다. 직장에서 만난 선배가 입양한 귀여운 아가 웰시코기였는데, 그때는 우리가 이토록 뜨거운 가족이 될 거라고는 전혀 예상하지 못했다. 처음엔 너무 작고 소중해서 만지면 부서질까 열심히 사진만 찍어댔다. 그의 어린 시절의 사진이 나에게 있다는 게 다행일 따름이다. 물론 과거를 몰랐어도 변치 않을 마음이지만, 지금은 이 개가 내 가족이라는 사실이 무척이나 황홀하다. 봄이가 나에게 오게 된 이유는 여러 사정이 잘 맞았기 때문이다. 퇴사를 하고 프리랜서로 일하면서 평소에 함께하고 싶있던 유기견을 데려오려고 했었는데, 때마침 선배가 봄이를 나에게 오래 맡기게 되면서 우리는 자연스레 가족이 되었다.

전 주인의 집엔 자주 놀러 갔었는데 그 집엔 봄이를 포함한 두 명의 집사와 두 명의 아기, 그리고 한 마리의 고양이도 함께 살고 있었다. 그전에는 선배가 가족여행이나 장거리 여행을 하게 되면 봄이를 나에게 자주 맡겼다. 우리는 서로가 익숙했고, 어떤 날은 봄이가 가고 나면 그 자리가 너무 허전해서 눈물이 날 때도 있었다. 그렇게 우리는 모두를 위한 선택을 했다. 나는 봄이에게 하루 두 번의 산책을 약속할 수 있는 사람이었고, 그것을 지킬 수 있는 사랑이 있었다.

지금은 온 정성을 다해 그녀의 모든 몸과 정신의 건강을 위해 애를 쓰고 있다. 노견의 나이가 된 그녀는 하얀 수염이 점점 더 길어져 바닥에 닿을 둥 말 둥 하다. 나는 영원히 그녀를 책임지고 싶고, 가족이 된 이상 내가 아는 모든 개 중에 가장 행복한 개로 만들어 주고 싶었다. 하지만 그것은 늘 인간의 욕심일 뿐이다.

하얀 개에 대해서 색으로 표현해본다면 말 그대로 정말 하얗지만, 가족이 된 후로는 점차 상아색과 닮은 내가 좋아하는 옅은 베이지색으로 드문드문 변해가고 있다. 이전엔 분명 아니었는데 점점 더 내 표정을 닮아가는 봄이를 보면서, 개와 주인은 닮아간다는 과학적 증명을 이제는 부인할 수 없게 됐다. 지금도 사연을 품은 그 귀엽고 가여운 하얀 개는 늘 나를 보며 웃어준다. 아직 자신이 개인 줄 모르는 것 같은 얼굴을 하고선. 고향 친구들이 자주 쓰는 표현을 빌려 쓰자면(물론 내가 자주 쓰는 말이기도 하다) 봄이는 겁나 귀엽다.

이러저러한 사연으로 내게 온 개이지만 세상에 사연 없는 개는 없다. 그녀는 여전히 개를 싫어하고 고양이나 아이들을 좋아한다. 늘 길을 가다가 개를 만나면 한참을 돌아가거나 뒷걸음질 치는 우리지만, 그렇게 뒷걸음질 치는 날보다 앞으로 나아갈 날이 아직 더 많다는 건, 봄이가 내게 알려준 사랑 덕분이다. 봄이에게도 개에 대한 고통스럽던 시간이 있었던 것 같다. 그 두려움을 있는 힘껏 몸으로 표현해주는 봄이 덕분에 우리는 두려움에 함께 맞서 헤쳐 나갈 수 있는 힘이 생겼다. 먼 길을 함께 돌아가면 두 배로 좋았다. 하얀 개는 그렇게 봄에 태어나 겨울에 나에게로 왔다. 이제 내가 가장 좋아하는 계절은 겨울이 되었고, 가장 좋아하는 개는 봄이가 됐다. 지금은 그녀가 어떤 두려움 속에 있다고 해도 나의 영원한 안전지대에서 맘껏 뛰어놀기를 바라는 마음뿐이다.

아직 끝나지 않은 모험

매해 연말연시면 의식처럼 산을 오른다. 바라보기만 하는 것이 가장 좋지만, 한해의 발자취를 돌이켜보는 마음으로 걷는다. 제대로 된 연말 정'산'이랄까. 산을 오르면서는 내내 지난한 일들을 떠올린다. 고맙고 미안했던 상황과 사람들에게 마음의 빚을 청산하다 보면 다음 여정에 대해서도 생각해 볼 수 있었다. 산을 오르고 내리는 데에는 왕복 여섯 시간이 꼬박 걸리는데, 머릿속을 가득 채우다 보면 시간이란 개념을 완전히 잊고 오로지 몸의 감각에만 의지한 채 발가락을 내딛는 의지로만 존재하게 된다.

작년에는 가족들과 태백산을 올랐다. 우리 집 개도 함께. 끝까지 오르는 일이야 늘 자신 있었지만 비워내는 일이란 정말이지 쉽지 않았다. 다리는 짧고 몸이 긴 개가 과연 행복해할지도 의문이었다. 계속 그 녀석의 좌우로 흔들리는 하얀 찐빵 같은 궁둥이를 주시하고 눈치를 살피면서 올랐는지도 모른다. 해가 중천에 떴을 때 올라 그것이 질 때쯤 내려왔는데, 개와 나는 그때부터 집으로 오는 길 내내 꾸벅꾸벅 졸았던 것 같다.

산을 오를 때면 각자 생각에 잠겨 몇 시간을 거의 아무 말도 하지 않지만, 쉬고 싶을 때마다 서로 고개를 돌려 눈빛을 주고받는다. 그러고는 새하얀 눈 위에 주저앉아서 입김이 나와도 시원한 물을 벌컥벌컥 들이켠다. 중간중간 냉수를 들이켤 때마다 오르며 떠올렸던 불완전한 하나의 상황이나 표정과 말들을 지운다. 지나간 일은 지나간 일로 둔다. 그렇게 내려올 때쯤이면 어느새 마음은 새하얀 백지처럼 비워져 있다. 그럼 그때부터 하나씩 채워가면 되는 것이다. 푸르고 투명하고 선명한 것들로만. 늘 그렇게 비우고 새롭게 시작한다. 그것이 바로 내가 산을 오르는 이유이다. 단지 풍경을 보기 위해서가 아니라.

    올해는 이름도 모르는 산을 오른다. 그것도 삿포로에서. 알려면 알 수 있지만 알고 싶지는 않았다. 사람 하나 없는 흰 적막이 너무 좋았고, 그것을 이름으로서가 아니라 그대로의 형태나 풍경으로 남겨두고 싶었다. 올해는 유난히도 하얀 세상이다. 앞으로 살아가며 채워갈 새하얀 페이지들이 펼쳐져 있다. 올해도 작년과 마찬가지로 대부분의 날을 책 속에서 이뤄지는 시간을 보냈다. 내 삶은 다른 인생을 간접적으로 살아보는 일을 했고 거꾸로 읽히기도 했다. 투명한 것들을 가장 오래 들여다본 한 해가 되었다. 내년에도 사소한 것들, 달라진 것들, 달라질 것들을 매 순간 눈치채며 자주 생각하고 그것을 쓰는 존재로 살아가고 싶다. 약간의 단절과 집중, 그 안에서 온전히 함께하는 일. 함께할 모두에게 끝까지 잘하는 것만큼 내가 특별해지는 일도 없다. 그렇게 특별한 것들을 더 자세히 돌보고 살피며 새하얀 페이지를 가득 채워나가고 싶다.

늘 모든 일에는 시행착오가 있었고 실패에 대한 불안이 선행했다. 어쩌면 이 모든 것은 모험이기 때문에 당연한 일이다. 삶은 모험이고 산을 오르는 일은 고난의 여정이니까. 그러나 이제는 느낌이 좀 다르다. 흰 눈이 이름 모를 산을 뒤덮고, 푸른 공기가 적막을 메운 고요 속 한 걸음이나 세 번의 셔터 속 아름다움을 찾아 나가는 평화의 여정을 보내게 된 것 같다. 겨울의 끝자락에서 다시 긴 모험을 생각한다.

상처를 줄 권리

직장을 다니셨다고 했는데, 한 직장을 다니셨나요? 이제 직장생활 얘기를 좀 해볼까요?

한 회사에서 9년 정도 일을 했는데요. 함께 일한 부서에 계시던 팀장님께서 분노조절장애가 있으셨어요. 그런데 그게 저에게만 그러시는 건 아니고 모든 부하 직원들에게 욕하고 그러시는데 처음엔 그게 너무 힘들었어요. 욕은 들어도 들어도 적응이 안 되더라고요. 한번은 구석에서 저한테 의자를 던진 적이 있었어요. 엄밀히 말하자면 분노에 못 이겨 의자를 땅에다 던졌는데 그게 부러진 거고요. 저는 그날 맞을 것 같아서 맞을 준비를 하고 있었을 정도였거든요. 그때 그게 너무 무서웠어요. 자리를 피하고 싶은데 그것도 못 하니까. 그런 일이 여러 번 있었는데, 가장 상처였던 건 남들 앞에서 저에게 하는 욕이었어요. 뭔가 하나라도 마음에 들지 않으면 누구 하나에게 신경질을 내시는데 그날 아침은 저였고, 모든 부서 사람들이 다 있는 자리였어요. 매주 월요일마다 주간 매출 보고를 하거든요. 매출 보고를 위해선 회사 시스템을 돌려서 전국에 있는 매장들의 매출을 분석해서 보고해야 했어요. 그런데 그날 매출을 분석하는 시스템이 오류로 멈춘 게 화근이었어요. 그분도 윗사람에게 보고해야 하는 시스템이라 제가 그걸 빨리 분석해서 드려야 하는데, 매출판은 주말에 집에서 미리 한다고 해도 주말까지의 매출이 합산이 되지 않기 때문에 어렵거든요. 준비를 해가도 어려운 상황이라 꼭두새벽에 일찍 와서 시스템을 작동해요. 그날은 일찍 왔는데도 로딩이 길어서 몇 시간을 기다렸어요. 그런데도 안 되는 걸 어떡해요. 조금만 기다려 달라고 말씀드렸는데 글쎄 심한 욕을 하시는 거예요. 전 부서원들이 있는 자리에서. 모두가 저를 쳐다보고 정적이 흘렀어요. 저는 순간 심장이 뛰면서 아무것도 할 수 없었고 당장 화장실로 뛰쳐나가고만 싶었어요. 친한 동료들이 메신저로 괜찮냐는 메시지를 보내올 때마다 눈물이 날 것 같았지만 애써 참았어요. 얼굴색 하나 변하지 않고 그 자리에 앉아 있는 내가 대단하다고. 자기였으면 당장 뛰쳐나갈 것 같다는 말들을 하더군요. 저는 긴장하거나 두려운 상황이 오면 몸이 먼저 반응하면서 아무것도 할 수가 없게 돼요. 몸이 딱딱하게 굳고 심장이 뛰면서 식은땀이 나기 시작하고. 그러면서 점점 숨이 턱하고 막혀요. 그런 날들을 오래 보냈어요. 몇 년은 힘들었죠.

사람들 앞에서 굉장히 무섭기도 했고 반응이 좀 얼어붙었던 것 같네요.

네. 그런데 팀에서 저만 여자였는데 다른 분들에게는 그렇게 심하게 하지 않았던 것 같아요. 이래서 영업부에 여자가 있으면 안 된다는 말을 지나가면서 들었어요. 그런 소리를 듣고 싶지 않아서 밤새 일을 하거나 회의 준비를 했는데. 정말이지 하나라도 게을리하거나 허투루 한 적 없었어요. 그만큼 진심을 다해서 일했어요. 일에는 늘 진심이었거든요.

인정받고 싶었으니까. 팀에서 소외감 같은 걸 느낀 적도 많았고, 오히려 다른 부서 분들이 많이 챙겨 주신 것 같아요. 지금은 퇴사하고 나서도 팀장님과 한 번씩 안부 문자를 하는데요. 그 당시에 너무 무서웠던 사람이라 아직도 두려운 존재로 남아 있긴 해요.

어려운 시간들을 보냈네요. 모든 인간은 존엄해요. 우리는 누구를 해하거나 상처를 줄 권리가 없어요. 그게 상사든 부모이든 어른이든지 간에. 상대가 누구이든 모든 관계는 똑같죠. 상대를 존중했으나 상대가 나를 존중해주지 않으면 당연히 저항해야 하는 거예요. 최소한의 해야 할 말이나 감정표현은 하고 살아야 자신을 지킬 수 있어요.

그 당시 가장 중요한 일

　　　　어떤 주요 증상들을 살펴보면 본인 스스로 우울하거나 불안하다고 지각하고 계신 것 같아요. 맞나요?

　우울한 것보다는 불안한 게 더 많은 것 같아요.

　네, 그런데 아마 불안은 신체 증상까지 동반되니까 더 조절하기 어렵게 느껴질 거예요. 그런 부분이 있었고, 본인은 지각하지만 아래 문항은 조금 더 깊은 내면을 보여주거든요. 여기서도 보면 마음 상태가 우울하고, 위축되어 있고, 걱정도 많고, 불안도 많아요. 대인관계에서 불편감도 있고요. 일관되게 나왔거든요. 지금 약을 드시거나 그러고 있는 상태는 아니고 꾸준히 상담을 받아왔고요. 그런데 지금 보면 점수가 65인데 보통 우리가 그냥 평범하다고 생각하는 사람들은 잘 안 나오는 수치예요. 무슨 큰일이 나는 건 아니지만요. 보통 아래에서 그래프가 움직여요. 그런데 보면 김로로님은 뚝 떨어진 부분도 있고요. 올라오는 것들도 몇 개 있죠. 앞부분에 나와 있는 이 부분은 우울한 마음을 많이 표현하는 부분들인데, 이걸로 봤을 때 내면에 우울함이 깔려 있어요. 조금 많이 깔려 있는데 곡선 그래프의 형태로 봤을 때 본인이 우울하다고 지각하기보다는 신체 증상으로 나올 가능성이 높아요. 이런 분들의 특징이 어떤 식으로든 자기 감정 채널과 감정 통로가 약간 막혀 있다고 할까요?

뭔가 어렸을 때부터 이런 감정에 대해서 반영을 잘 못 받았다던가, 이런 감정을 느껴도 되고 하는 그런 허용을 잘 못 받았다던가. 어떤 식으로든 이 감정을 그냥 그대로 느끼는 게 그 아이는 편치 않았는지 그 부분의 채널을 조금 조금씩 계속 닫아온 거죠. 그래서 감정들을 약간 억압하는 스타일이에요.

본인이 뭔가 이렇게 어려운 게 있거나 힘든 게 있어도 그것을 표현한다기보다는 억압하는 스타일이요. 그게 굉장히 자동화되고 습관화돼서 지금 억압한다는 느낌 없이도 아마 그럴지도 모르겠어요. 그런데 이러다 보면 부정적 감정이 내면에 쌓일 가능성이 높아요. 해소가 잘 안 돼요. 이런 부정적 감정은 그냥 없어지지는 않거든요.

그럼 이렇게 쌓이다가 감정 통로가 아니라 다른 통로를 찾게 되거든요. 그러다 보면 잘 나타나는 신체의 모호한 증상들이라든가 아니면 다른 명확한 증상이라든가 그런 신체 감각들이 감각 채널을 통해서 불편감으로 나오기도 하죠. 그래서 아마 이 프로파일을 봤을 때는 사실 내면에 불편하고 우울한 감정들이 쌓여 있을 가능성이 있는데, 그걸 오히려 슬퍼하면서 이렇게 본인이 지각하거나 표현하기보다는 억압하는 스타일이고 또 신체 증상으로 나타날 가능성이 높은 경향이 많이 보여요. 그리고 불안 중에서도 걱정이 많고, 생각도 많아요.

이전에 얘기했던 사회적인 대인관계에서 불편

감을 많이 느끼지만 참고서 그냥 또 사회생활 하시는 분들도 있고요. 불편하면 사실 회피하고 싶은 게 당연한 욕구잖아요. 그래서 그런 회피 성향이 현재 나타날 수도 있고, 그런 대인관계가 편치 않고 불편하고 내향적인 성향도 강한 걸로 나타났거든요. 이 불편한 감정을 지금 억압하고 있다고 했잖아요. 그때는 우울감도 있고, 그리고 불안감을 본인이 느끼고 있는 부분이기도 한데 또 하나 감정이 있는 게 약간 뭐랄까 타인에 대한 어떤 화 같은 게 사실 조금 있어요. 그게 아마 겉으로 티 나지는 않을 건데 그것을 과하게 통제하고 있는 과잉 통제의 척도가 떴거든요. 그래서 나 이래도 괜찮고, 저래도 괜찮다가 아니고 뭔가 상처를 받았던 어떤 일을 경험했던, 대인관계나 이런 상황에서 겪은 부정적 감정 중에 우울감만이 아니고 약간의 화가 내재되어 있는 부분이 있어요. 그런데 겉으로 그런 부분을 표현하지 않으세요. 남들은 내가 화가 나는지도 잘 모르기도 하고요. 그러니까 화가 많다는 게 어떤 영역에서 해소되지 않은 화가 있을 수 있다는 거예요. 이런 걸 본인이 모르실 수도 있어요. 성격이 평소에 순해서 그럴 수도 있지만 그걸 상대에게 다 맞춰 주기 때문에 더욱 그렇게 느낄 수도 있어요. 분명 내면에 그런 부분이 있을 수 있어요. 지금 과하게 통제하는 그런 부분이 나타났고, 여기서 꺼진 부분이 있잖아요. 이 부분도 보면 자기주장을 잘 못하시는 것 같아요. 이런 분들의 특징이 자기주장을 잘 못하고 다른 사람이 이렇게 하자고 그러거나 저렇게 하면은 맞춰주고 따라가는 스타일이에요. 그래서 착하게 느끼고 상대방은 편할 수 있지만 이런 것들이 인간관계에서 계속 반복되면 본인이 불편할 수 있겠죠. 왜냐하면 정서를 억압하는 스타일인데 자기주장도 잘 안 되고 있고, 사회적 관계에서 좀 불편한 부분도 있고, 이런 부분들이 계속 내면에서 쌓일 가능성이 많아요. 심각한 수준은 아니지만 내가 이런 부분에서 일반 수준에서 약간은 벗어날 만큼 불편감이 있구나, 이렇게 이해하시면 좋을 것 같아요. 여기까지 듣고 어떤 생각이 드시나요?

제가 생각했을 때는 가끔씩 발현되는 느낌이 커요. 그래서 가끔 살기 싫어질 때가 있어요. 그런데 계속 그러지는 않고, 또 그 안에서 행복감도 느끼고 좋을 때는 또 너무 좋고요. 걱정스러운 일이 없으면 행복하다는 생각이 들기도 하거든요. 그래서 이렇게 우울감이 나올 줄은 몰랐어요. 그렇게 생각해 본 적이 없어서. 불안감은 항상 가지고 있다고 생각은 했는데 또 생각해 보니 같이 있는 것 같기도 하고. 계속 뒤에서만 하고 싶은 말을 생각하고 그런 걸 이제 안 하고 싶긴 해요. 내가 싫고 불편한 건 말을 하면서 살고 싶어요.

구체적인 목표 중에 이게 또 하나가 있네요. 자기주장을 잘하는 그런 기질적으로 타고난 사람들이 있는데, 그 정도까지 확 바뀌는 걸 목표한다기보다는 내가 불편하고 아닐 때는 거리를 둔다든가 표현을 한다든가 이런 것들을 할 수 있는 그런 부분들을 함께 키웠으면 좋겠어요. 문장 검사를 보니까 내 생각이나 주장을 해야 하는 순간이 오면 되게 긴장감이 올라가는 것 같아요.

갑자기 생각난 건데 제가 다니는 모임을 이제 나갔는데요. 거기서 그냥 서로 가벼운 안부를 묻다가 누군가 저에게 뜬금없는 질문을 했는데 엄청 긴장이 되는 거예요. 뭔가 떨면서 얘기를 한다는 게 스스로 느껴져서 선생님한테 여쭤봐야 하겠다고 생각했어요. 분명히 알고 있고 마음이 엄청 편치는 않았지만 그래도 편안하려고 계속 노력하고 했는데, 갑자기 물어보니까 너무 긴장이 되는 거예요. 다들 이목이 집중되는데 그것도 너무 견디기 힘들었고요.

긴장한 걸 그 순간에 어떻게 알아채셨어요?

심장이 먼저 뛰어요. 엄청 빨리요. 그걸 몸으로 가장 먼저 느끼는 것 같아요. 심장이 막 뛰는 게 느껴져서 '나 긴장하고 있구나.' 이렇게 알고 그때부터는 눈을 보고 이야기를 해야 되는데 일부러 다른 곳을 보고 계속 횡설수설하는 것 같아요. 하고 싶은 말은 이게 아닌 것 같은데 그래서 하고 나면 또 후회하고요.

원래 긴장이 높아졌을 때 드는 자연스러운 반응이에요. 전두엽 기능이 그때 그 순간에는 잘 발휘가 안 돼서 내가 무슨 말을 하는지 논리적으로 되는 게 좀 어려워요. 그런 부분들을 조절하고 싶으신 거죠? 많은 부분 긴장감이나 이런 부분들을 조절할 수 있는 범위로 들어오면, 지금 원하시는 것들을 조금씩 도움을 받으실 수 있을 거라는 생각이 들어요. 내가 왜 이렇게 긴장하게 됐는지, 그런 부분들을 우리가 찾아서 같이 탐색하고 해결할 부분을 해결하는 게 앞으로 우리가 해야 할 일인 거죠. 그래서 트라우마 뒤로 이런 부정적 기억도 적어달라고 한 거예요. 사실 그런 것들이 내 상태에 어떤 영향을 미치는 것들이거든요. 그런 것들을 처리하면서 현재에 영향을 미치는 것들이 많이 사라지면 내가 원하는 방향으로 나를 변화시키는 데 더 도움이 돼요. 지금 우울감이 내재되어 있다고 해서 늘 우울하단 얘기는 아니에요. 왜냐하면 그건 내 안에 우울함을 간직하고 있는 자아도 있는 거예요. 우울 자아가요. 어떤 사람은 그 자아가 좀 작을 수도 있는데 김로로 님은 그게 그렇게 작지는 않은 것 같아요.

제가 어떻게 보면 엄청나게 큰 상처라고 하기보다는 사건이 있었는데요. 그러니까 저한테는 큰일이었어요. 오래전 기억인데 자주 떠오르는 한 가지예요. 남들이 보기에는 아무것도 아닐 수 있긴 하거든요. 아직도 기억나는 게 그것 때문만은 아닌 것 같은데, 제가 고3 때 친구들을 웃겨주는 역할이라고 생각해서 연습을 하고 막 그랬어요. 같이 친구들을 웃겨주는 친구 한 명이 있어서 듀오처럼 쉬는 시간마다 콩트 같은 걸 하고요. 친구들이 엄청 재밌어 하고 그걸 볼 때마다 기분이 좋아져서 더 하게 되더라고요. 개그우먼 시험을 보러 가면 안 되냐고 할 정도로요. 친구들 앞에서 항상 웃겨주고 그래서 제가 느끼기엔 그들이 분명 좋아했고 그래서 그 좋아하는 것을 보는 게 너무 좋아서 매일 연습했는데, 그래서 더 열심히 했는데요. 어느 날 갑자기 담임 선생님이 저를 교무실로 부르시더라고요. 그러더니 갑자기 고3이니까 공부를 해야 되는데 방해받는 친구들이 있다고. 익명으로 투표를 했는데 제 이름이 가장 많이 나왔다고요. 저는 한 적도 없는 투표를. 시끄러워서 전학 보내기 전에 조용히 하라고. 저는 그때 전학이라는 단어를 육성으로 처음 들어봤어요. 친구들을 웃겨 줬던 것이 전학을 갈 만큼 심각한 일인 건가 하고 충격을 받았어요. 직접 말을 해줬더라면 친구들을 위해서 절대 그러지 않았을 텐데. 제가 해왔던 일이 너무 후회스럽고 죄스러웠어요. 그 후로부터 친구들이랑 말을 아예 안 했어요. 누구인지 알고 싶지도 않았고. 그러니까 모두 앞에서는 둘러앉아 웃고 재밌다고 하면서 뒤에서 그렇게 했다는 것에 대한 배신감도 들었고요. 당시 저에게는 친구들이 거의 전부였으니까요.

배신감이 엄청났겠는데요.

네, 학교에 있기도 싫고 친구들도 보기 싫었어요. 그게 저에게는 사소한 기억인데 아직도 그게 생생하고 그때 엄청 속상했던 것 같아요. 너무 속상해서 선생님이 그렇게 말씀하시는데 눈물이 막 나는 거예요. 모든 게 상처였던 것 같아요. 마음에 작은 분노도 생겼던 것 같고.

상처받으면 분노가 일어요. 당연한 일이죠. 그런데 본인이 노력한다는 표현을 쓰셨거든요. 역할이라는 단어도 쓰시고 그러는데, 뭔가 되게 애쓰고 노력했던 것 같거든요.

네, 그래서 더 수치스러웠던 것 같아요. 그리고

함께했던 친구도 있었는데 제 이름만 적혔다고 하니까. 친구에게 말을 할 수도 없고. 정말 단 한 명이라도 불편했던 친구가 있었다는 걸 알았더라면 절대 웃기려고 그렇게 시간을 들여가면서 애쓰지 않았을 텐데.

그게 원인인지는 모르겠지만 고등학교 때 그런 일이 있었고 제가 부정당한다는 느낌이 컸었던 것 같아요. 친구들도 나를 있는 그대로 받아주지 않거나 다들 진심이 아닌 가식처럼 대하는 것 같고. 가족들도 항상 바빠서 서로 얼굴을 잘 못 봤어요. 오빠는 고등학교 때부터 기숙사에서 사느라 밖에서 살았어요. 명절 때나 한 번씩 집에 왔던 것 같고요. 부모님은 부모님대로 돈 버시느라 너무 바쁘시고 그래서 항상 집에서도 혼자 있고 하니까 되게 쓸쓸했던 것 같아요. 그때 뭔가 집에서 조금 쓸쓸하고 외로운 느낌이 많았어요. 세상에 혼자 있는 느낌이랄까. 집에서는 늘 밖에서 들리는 새소리만 났어요. 집에서 가만히 새소리만 듣고 있었던 적도 있어요. 내가 없어져도 세상 사람 아무도 모를 것 같고. 함께 살아간다는 기분이 든 적이 한 번도 없었어요. 그래도 아주 어렸을 땐 동네 친구들과 마을에서 함께 뛰어놀곤 했는데, 어느 정도 커서는 늘 혼자였던 것 같아요.

불면증 때문에 병원에 다니고 스스로 심각하다고 느꼈던 때에도 부모님은 대수롭지 않게 여기셨어요. 오히려 잠을 왜 못 자느냐는 구박을 들었죠. 처음에 약을 타와서 먹을 때도 눈여겨보지 않으시다가 제가 계속 먹으니까 어느 날 그런 약 먹는 거 아니라고 엄청 혼내시더라고요. 아무래도 아직 우리나라는 정신과 약에 대한 사람들에 부정적인 시선이 많으니까요. 항상 저 보고 예민하다고 하셨어요. 그때부터 소설책이나 음악에 빠져서 살았던 것 같아요. 그래도 푹 빠질 수 있는 뭔가 있어서 행복했어요.

지금은 약간 내향성도 강하고 사회적인 불편감도 높은데, 그때 모습을 봤을 때 이 이야기를 하기 이전의 모습은 또 그렇게 까지는 내향적이지도 않았네요. 어쩌면 좀 후천적으로 그렇게 된 부분이 있겠어요. 상상을 해보면 집에서는 늘 쓸쓸하고 혼자 있는 느낌인데 학교에 가서 친구들이 나를 보고 웃어주고 하는 것들이 얼마나 활력소였을까 이런 생각이 드네요. 그 노력이 얼마나 예뻐요. 그런데 그런 말을 선생님께 들었을 때 얼마나 힘들었을지 너무 이해돼요.

지금 와서 생각해보면 공부를 제일 열심히 할 시기인데 친구들과의 관계에 제가 너무 집중했던 것 같아요. 그런 고민을 학업에 했더라면 좋았을 텐데 그런 생각도 들고요.

그럼에도 불구하고 그 부분에 집중했다는 건 그 당시에 그게 되게 중요했던 거예요. 채워주는 부분이요. 자신에게 가장 중요했던 거죠. 제가 볼 때는 대부분의 아이들은 좋아했고 일부가 그런 부분을 얘기했겠죠. 왜냐하면 모든 사람이 다 좋아할 수는 없는 거니까. 그런데 조사를 했다는 식으로 둘러서 얘기하지 않았어야 했던 거죠. 그리고 했으면 함께 했어야 되는 거고요. 제가 이 말씀을 드린 이유는 지금 잘 받아들이지 않을지 모르겠지만 그 반 대부분의 아이들은 분명 좋아했을 거예요.

지금 생각해보니 고등학교 친구는 유일하게 한 명 남았어요. 지금까지 연락하는 친구가요. 그때 함께 친구들을 웃기던 친구요. 방금 저도 말을 하면서 알았지만요.

그게 우연은 아니에요. 고등학교 때를 떠올리고 싶지 않은 부분도 있을 거고.

선생님과 친구들이 아직도 미워요. 꼭 그렇게까지 말씀하셔야 했나? 그때 제가 느낀 감정이나 표정들이 분명 전달됐을 텐데도 불구하고 계속 나무라는 식으로 뭐라고 하셨어요. 아직도 그 얘기를 들었던 그 순간이 정지된 순간처럼 떠올라요. 햇빛이 들던 교무실 책상이나 선생님이 입고 있었던 파란색 셔츠 이런 것들이 머릿속에 뚜렷이 남아 있어요.

네, 이게 트라우마 메모리의 특징이거든요. 그 순간에 입력되는 감각적인 게 기억나는 것들이요. 지금 잠깐 감정 한번 살펴볼까요? 트라우마와 접촉이 된 거거든요. 제가 볼 때는 트라우마로 남아 있는 기억 중에 하나인 것 같아요.

왜 이런 게 남아 있을까요? 별것도 아닌 일인데. 그냥 아무렇지 않게 넘겼어도 될 일인데요.

전 너무 마음이 이해가 되는데요. 엄청난 일이죠. 힘든 일들은 작거나 크다고 정의를 내릴 수 없는 거예요. 나한테 힘든 거면 그게 진짜 힘든 거예요. 그러니까 김로로님은 누군가 싫어하면 안 했을 사람이잖아요. 그런데 그 상황에서 한 명이라도 싫은 걸 로로님이 어떻게 알아요. 이게 자꾸 본인이 자책하는 쪽으로 방향이 가거든요. 성인의 관점으로 한번 보세요.

저는 그래도 만약 제가 그 선생님이었다면 부드럽게 말했을 텐데.

선생님한테 만약에 얘기한다면 뭐라고 하시겠어요? 그때로 돌아가고 싶으세요? 아니면 지금 성인으로서 선생님한테 한번 얘기해 보실까요?

지금 성인으로서 선생님과 뒤에서 말했을 친구에게 한마디 하고 싶어요. 저는 그러니까 친구들이 좋아하는 줄 알고 즐겁게 해주기 위해 그렇게 했고 만약에 단 한 명이라도 불편했다는 걸 알았더라면 그렇게 하지 않았을 거라고요. 그 친구에게도 불편했던 부분에 대해서는 사과를 하고 싶어요. 그냥 저에게 말해줬으면 좋았을 텐데. 나는 지금까지도 마음에 상처로 남아있다고. 서로 잘 얘기했으면 좋았을 것 같다고. 뭔가 그런 일이 없었으면 제가 또 다른 삶을 살아갈 수도 있겠다는 생각도 들어요.

이게 지금 꽤 큰 얘기인데 꺼내만 놓고 가시면 힘드실 것 같아요. 이거 가지고 다 처리되지는 않았을 거예요. 그 후에 정말 변할 정도로 나라는 사람이 고등학교 때를 지우고 싶을 정도로, 그 아이가 큰 상처를 받았을 거예요. 지금 아마 우리가 이렇게 대화로서 이해하는 수준보다 그 안에 더 깊은 어떤 이유가 있었을 거예요.

그래서 아까 선생님께서 저에게 분명 중요한 일이었을 거라고 하셨는데요. 그렇게 생각하니까 조금은 괜찮은 것 같네요. 그때 진짜 그게 중요했나 봐요. 제가 너무 지난 얘기를 했나 보네요.

여기에서 지금 이 시간은 모두 김로로님의 시간이에요. 로로님이 하고 싶은 대로 다 하실 수 있는 시간이요. 어쨌든 트라우마의 기억에 접근했기 때문에 에너지가 엄청 많이 쓰였을 거예요. 이러고 나서 나가시면 진이 빠져요. 안정화 조금 하고 나갈게요. 내면으로 좀 많이 들어가 있었기 때문에 주변을 한번 둘러보시고요. 기분 좋아지는 게 있으면 그걸 잠깐 바라보세요. 그러면 신경계가 각성을 조절하는 데 도움이 돼요. 지금 몸의 느낌은 좀 어떠세요?

꿈속에 있는 것 같아요. 몸이 기억하는 말들을 다 잊은 것 같고요.

꿈속은 어떤 느낌이에요?

몽롱하지만 시야는 뚜렷해요. 현실은 조금 울어서 그런지 흐리고요.

그럼 각성 수준이 최적의 각성 수준 상태에서 조금 벗어난 것 같아요. 조금 안으로 들어오게끔 그럴 때 아까처럼 이렇게 주변을 둘러보는 게 도움이 좀 되거든요. 더 자세히 봐 보세요. 그래서 이 목 앞에 근육도 쓰시고요. 미주신경이 다 연결돼 있거든요. 눈길이 좀 가는 게 있으면 거기에 머무셔도 되고요. 색깔도 보시고. 심장은 어때요?

심장도 안정됐고 이제 좀 뚜렷해졌어요.

잘하시네요. 이 조절 능력을 계속 연습하시면서 모으면 다시 그 불안한 마음도 잘 조절할 수 있게 돼요. 오늘 정말 안정적으로 잘 얘기하셨어요. 오늘은 긴장한 거 잘 모르겠는데요.

선생님께서 편하게 해주셔서요.

또 오늘 이 얘기를 꺼냈기 때문에 어쨌든 건드린 거잖아요. 오늘 한 얘기들이 순간순간마다 조금씩 떠오를 수 있어요. 그때 이런 게 떠오를 수 있다고 알아차리면 돼요. 그 기억에 몰입하면 스스로 조절하기 어려울 수 있어서 자연스럽게 흘려보내시고 '다음에 와서 또 얘기해야지.'하고 편하게 생각하시면 돼요.

3장
인간의 바깥

느슨한 공동체

　　　　　제주에서 오래 머문 두 번째 숙소는 애월읍에 있는 게스트하우스였다. 더 정확히 말하면 게스트하우스에 딸린 사랑채 같은 곳. 처음에 이곳의 소개 글이 마음에 들었다. '아무것도 하고 싶지 않을 땐 하우스로 오세요.' 이후 모든 걸 하는 하우스라는 걸 알았을 때는 작은 배신감이 들었지만 말이다. 차를 타고 로터리를 빙빙 돌아 도착한 곳은 숙소라고는 전혀 존재하지 않았을 법한 시골의 끝 같은 장소였다. 숙소 사장님은 자연스럽게 우리를 맞아 주셨고, 우리는 연신 개가 있어 죄송한 마음으로 체크인했다. 잠시 머무는 숙소지만 적어도 몇 주간은 머물 곳이기에 꼼꼼한 안내를 받고 짐을 펼쳤다. 시장할 텐데 저녁을 함께하지 않겠냐는 사장님의 배려에 더할 나위 없이 감사했다. 여러 숙소를 전전하는 까닭에 각 숙소의 안내 사항에 대해서는 꼼꼼하게 확인하지 못했는데, 숙소에서 투숙객을 위해 비용을 지불하면 제공하는 식사가 따로 있는 줄은 몰랐다. 차를 타고 이동하더라도 제주는 저녁 일곱 시만 되더라도 식당들이 문을 닫기 때문에, 이렇게 깊숙한 시골 마을일수록 식사 제공의 여부는 대단히 중요했다.

짐을 정리하고 해가 조금씩 저물어갈 때쯤 사장님은 친히 우리를 데리러 다시 와 주셨다. 숙소는 별채인 사랑방처럼 큰 숙소 옆에 따로 붙어 있었는데, 원래는 게스트하우스를 함께 운영하고 있었다. 처음엔 게스트하우스가 함께 있는지 몰라서 약간 당황했다. 어디든 조용히 머물다 가고 싶었기 때문이다. 본 건물과 사랑채는 거의 붙어있었지만, 식당이 딸린 본 건물로 들어가려면 빙 돌아가야 했다. 그곳에 들어가니 이미 많은 사람들이 옹기종기 모여 있었다. 처음엔 사람들의 친밀도를 보고선 가족이라 착각했다. 모두가 반겨주고 밥을 함께 차리고 숟가락을 놓고 물을 떠 놓으며 떠들어대는 모습이 흡사 명절 같아 보였기 때문이다. 우리는 아마도 명절 당일 시댁에 갔다가 친정에 들이닥친 시누이 같았다. 통성명 없이 자연스럽게 앉아 밥을 먹고 수다를 떨었다. 시간이 흘러 깜깜한 밤이 되었을 때 우리는 시누이가 아닌 하숙생이 되어 있었다. 부드러운 분위기에 취해 그곳의 전자 제품이나 식기들이 있는 곳, 물을 마실 수 있는 곳 등을 자연스레 알게 되었다.

　모든 사람과 공간의 것들이 자연스러웠기 때문에 우리도 덩달아 한 가족이 된 것만 같았고, 늦은 밤 게스트하우스에 손님이 체크인하면서 우리와 똑같은 감정을 느꼈던 게 너무 재미있고 신기했다. 새로운 멤버들은 우리에게 가족이냐고 물었다. 우리가 느꼈던 것과 같은 분위기를 느끼고 질문을 한 것이다. 다른 이의 시선이 되어 보니 그럴 만도 했다. 신선한 느낌이었다. 우리는 그렇게 공간과 사람에 서서히 스며들었고, 알게 모르게 느슨한 공동체를 이루고 있었다. 처음엔 마치 센과 치히로의 행방불명 같은 미지의 곳이라 느껴졌었는데.

이곳에 머무는 동안엔 위치도 알 수 없고 이름도 모를 계곡을 세 번이나 갔는데, 다 같이 모험을 떠나는 기분이었다. 옷 매무새를 단단히 하고 한라산을 오르는 마음으로 한 걸음 한 걸음을 내디뎠다. 건너기 어려운 구간이 오면 서로의 손을 잡거나 줄타기를 통해 넘어갔고, 바위를 오르고 산을 넘어 어떤 신비한 계곡을 마주했다. 사람이 태어나기도 전에 만들어진 곳 같았다. 생명체가 한 번도 다녀가지 않은 듯한 비범하고도 초연한 미지의 세계.

그렇게 매일매일 꽉꽉 채우는 하루를 지냈다. 해야 할 일을 따로 정해 놓지 않는 하루는 사장님과 게스트하우스 멤버들이 이끄는 대로, 그곳이 어디든 그저 따라다녔다. 그들은 늘 기대 이상의 새로운 곳으로 우리를 데려다 놓았다. 식당 하나를 가도 감탄이 절로 나오는 그런 곳으로. 어쩐지 사람을 만나고 싶지 않아 간 곳에 온통 사람뿐이었는데, 그래서 더할 나위 없이 정신없고 홀가분한 시간들을 보냈던 것 같다.

그들은 느슨하게 연대를 이루고 서로를 돌보며

지내는 것 같았다. 어찌 보면 심리 상담 센터 같기도 했고. 사장님은 늘 다른 이들의 고민을 잘 들어주고 격려해 주었다. 사장님의 이름은 인복이었는데, 자신이 인복이 많아 이 일을 하는 것 같다며 허심탄회하게 웃었다. 그 미소가 선명하게 머리에 남았다. 정말로 좋아하는 일을 하는 사람의 모습이란 그런 것일까.

1년이 더 지난 지금 그때의 기억은 내 안에 생생하다. 괴로워서 도망치듯 찾았던 곳에서 새로운 사람들을 만나 다른 의미의 희망을 찾았다. 그런 사람들을 내리쓰고 싶다는 열망에 나는 사로잡혔고, 역시나 내가 만나는 모든 사람을 좋아하고 있다는 믿음이 되살아났다. 상처를 주는 것도 사람이지만 결국 사랑을 주는 것도 사람이다. 그것을 알게 된 이상 그곳을 자주 생각하게 될 것 같다. 사람에 지쳐 온 사람들이 사람을 얻어 돌아가는 곳. 또 아무것도 하고 싶지 않을 때 찾으라 했지만 어떤 것이라도 하게 만드는 그곳을.

별이 반짝이는 저녁이면 하늘을 올려다보며 맥

주를 홀짝대다가 갑자기 한라산 1,100고지로 향했다. 오직 가고 싶은 마음이 있는 사람들로만 팀을 이루어서. 뭐든 갑자기 하는 것을 그다지 좋아하지 않았는데, 그때 보았던 별이 감히 잊히지 않아 나는 즉흥이라는 단어를 좋아하게 됐다. 우리는 1,100고지로 가는 길목에서 야생 노루 두 마리를 만났고, 보고 싶어 했던 은하수는 아쉬웠지만 제 자리에서 반짝이는 수많은 별을 마주할 수 있었다. 나는 매일 그것을 꼭 빼닮은 새로운 사람들과 만나고 헤어지기를 반복하며 조금씩 제주의 삶에 적응해 가고 있었다. 눈을 감으면 언제인지도 모르게 잠이 들어 일기를 쓰지 못하는 날들이 이어졌지만, 한 글자도 쓰지 못하고 스르륵 잠드는 날들이 계속된다면 좋겠다고 바랐다.

우리 집 개가 집을 나갔다

　　　　　우리 집 개가 집을 나갔다. 말 그대로 집을 나갔다. 제주도에서 잠시 살 때의 이야기다. 그날은 오전부터 일정이 잡혀 있어서 분주하게 집을 나섰다. 제대로 씻지도 못하고 북쪽으로 향했다. 미처 열려있는 거실 창문을 확인하지 못한 채. 날이 조금씩 더워지고 있어서 거실과 안방의 창문을 활짝 열어뒀다. 방충망이 있기에 괜찮을 거라 여겼던 내 생각이 안일했다. 물론 평소에 외출할 때 문단속을 철저하게 하는 편이었다. 그날따라 다급히 집을 나선 것도 이유지만, 낮은 거실의 방충망이 뜯길 수도 있다는 생각을 전혀 하지 못했다. 봄이의 자다 깬 일그러진 얼굴만 훔쳐보고 슬쩍 나왔는데, 출발한 지

30분쯤 지났을까. 주인집 사장님에게서 다급한 전화가 걸려 왔다.

"여보세요. 혹시 지금 어디세요?"
어딘가 조금 긴박한 말투에 뭔가 잘못됐나 싶어서 서둘러 대답했다.
"방금 밖에 나왔습니다. 무슨 일 있으세요?"
사장님은 당황한 듯한 기색으로 "흰색 웰시코기가 집 앞 카페에 출몰했대요."라고 말했다. 그래 거기까진 그럴 수 있다고 생각했다. 그다음의 내용이 가관이었다.
"카페 강아지들이랑 싸우고 난리가 났대요."
잠시 정적이 흘렀다. 우리는 몹시 당황했다. 문단속을 철저히 했기 때문에 말도 안 되는 일이라 생각했다.
"문을 닫고 나왔는데 어떻게 나온 걸까요? 지금 바로 가겠습니다. 죄송합니다."
문이 닫혔는지 아니면 살짝 열렸는지 그것을 사장님이 아실 리가 있나. 굳이 생각을 말로 내뱉었던 건 그만큼 문단속이 확실했기 때문이었다. 일단 가던 길을 멈추고 운전대 방향을 틀었다. 마음이 급해서 다른 것은 안중에도 없었다. 문제는 어떻게 나갔는지가 아니다. 그래서 지금 어떻게 하고 있냐는 거다. 다급한 마음에 인터넷 검색을 통해 카페에 전화를 걸었다. 다행히도 핸드폰 연결음이었다.

"사장님 안녕하세요? 방금 카페에 출몰한 하얀 개 주인입니다. 먼저 사과 말씀부터 드립니다. 개들이 싸웠다고 하는데 모두 무사할까요? 지금 가고 있고 10분 후면 도착합니다. 정말 죄송합니다."
"일단 저희 개랑 싸우고 물려고 해서 이쪽으로 데리고 왔습니다. 2호실이라고 하셨던 것 같은데, 어떻게 나왔는지 한번 볼게요. 턱턱. 아, 이거 방충망을 뜯고 탈출했네요. 허허. 우리 집 개도 이런 적 있었는데. 비용 꽤 나오겠어요."

사장님께서는 멋쩍게 웃으시며 말했다. 한 번 가본 카페라 그런지 위트 있는 사장님의 웃는 얼굴이 기억에 남아있었다. 수화기 너머로 그의 인자한 미소가 그려져서 조금은 안심이 됐다.
집에 도착해서 보니 방충망이 심하게 뜯어져 있었다. 이로 뜯고 머리로 밀친 건지 얼마나 자국이 선명하면 당시의 상황이 머릿속에 그려질 정도였다. 그나저나 사장님께서 직접 13kg의 개를 집까지 들어 데려다주셨다. 그 점이 가장 죄송했다. 나도 평소에 우리 개를 쉬이 들지 못했다. 연약해 보이는 사장님께서 이 개를 어떻게 데리고 오셨을까? 오는 내내 무슨 생각을 하셨을까? 아마도 생각일랑 일절 못하셨을 테지. 너무 무거워서 어떠한 생각도 들지도 않았을 것임이 분명했다. 이건 정말 큰 잘못이다. 13kg 개를 들게 했다. 본인의 개를 위협했고, 카페에서 난동을 부렸다. 손님들한테 귀여움을 받기 위해 엉덩이를 실컷 들이밀었을 것이다. 아니나 다를까 카페에 갔을 때 여자 사장님은 이미 보이지 않고(짐작건대 힘들어서 쉬러 가셨을 것이다) 남자 사장님이 대신 자리하고 계셨다. 그는 연신 "그래도 다행이에요. 잃어버렸거나 차에 치였으면 정말 큰일 날 뻔했어요."라고 말하며 너그러이 이해해 주시고 긴장한 우리를 다독여 주셨다. 그 마음 앞에서 나는 죄송하기도 했고 한없이 부끄러워질 수밖에 없었다.

거듭 사과를 드리고 긴장한 탓에 들어가지도 않

는 음료와 디저트를 시켰다. 급하게 온 터라 드릴 것은 사과밖에 없었기 때문이었다. 내내 죄송하다는 말만 반복했다. 이윽고 주인집 사장님께서 카페로 오셨다. 본인 개와 카페 사장님의 개에 대한 일화까지 여러 얘기를 해주셨다. 그걸 다 듣다 보니 어설픈 위로가 되었다. 내 자식이 가출하고 기물 파손에 친구를 폭행까지 하는 행동을 했다면 이런 기분일까. 아마 그것으로 비교가 되지는 않겠지만 결국 모든 것은 내 잘못이었다.

갑자기 봄이에게 너무 미안한 마음이 들었다. 정신을 차리고 집으로 돌아와 봄이를 찾았다. 그리고 있는 힘껏 끌어안았다. 사라졌다가 나타난 개를 잠시 원망했던 내가 미웠다. 카페에서 너무 긴장한 탓인지 토를 몇 번이나 했다고 한다. 얼마나 무서웠을까. 방충망을 기어이 뚫고 함께 갔던 카페를 찾아갈 만큼 우리가 그립고 보고 싶었던 걸까. 차가 다니는 도로를 뚫고 아무도 모르는 곳에서 얼마나 겁이 났을지 상상조차 되지 않았다. 봄이의 안전한 눈빛을 보니 그제야 긴장이 슬슬 풀렸다. 그리고는 심장이 쿵 하고 내려앉는 순간이 잠깐 스쳤다. 그러나 모두 다행이었다. 누구 하나 다치지 않고 이 자리에 있을 수 있었으니까. 그렇게 지금 모두가 안전할 수 있음에 안도했다. 그날 저녁에 자려고 누웠는데 나도 모르게 베개가 점점 축축해졌다. 가끔은 이렇게 나를 둘러싼 모든 일들이 나도 모르는 사이에 일어나기도 한다.

제4의 길

무수한 사람들이 울고 웃고 쓰러지고
그러다 일어나 거리를 걷는다

거리에는 훌쩍 흐름을 탄 부드러운 달빛
밝은 공기와 떠도는 사람의 냄새

거리를 걷기가 울고 싶어질 정도로 두려웠고
마음을 내놓기가 쓰러지고 싶은 정도로 괴로웠다

곪아가는 영혼은 이상한 환영 같은 모습으로
내가 슬퍼서 거리에 사람들이 슬퍼진 다거나
내가 울고 있다고 해서 누구 하나 울어주지 않

는다고

　　어떤 길은 영원히 걷지 못하는 절벽
　　사소한 우연에 깃든 보이지 않는 존재들의 말
　　귀 기울여 들어보면 가뿐히 경계를 넘어오는
　　낯설지만 텅 빈 몸으로 염원하는 재생의 시간

　　하루는 온종일 마음의 출구를 맴도는 일로
　　비로소 무사한 날을 맞이하는 안도감으로
　　딱 그만큼의 거리로
　　한 겹과 두 겹의 세상이 차례차례 열린다

비밀기지

       햇빛이 강하게 들어 눈부심에 눈을 떴다. 제주집은 서울집과 다르게 암막 커튼이 아닌 화이트 쉬폰 커튼이라 해가 뜨는 동시에 눈이 절로 떠진다. 올빼미 체질인 나에겐 최악의 환경이나 다름없다. 대안으로 안대를 준비했지만 잠꼬대로 인해 늘 무용지물이다. 그래서 잠을 포기하고 아침을 산다.

    집의 정원에서 봄이를 산책시키다가 밀고 주인집 사장님과 땡볕에 서서 뜨거운 줄도 모르고 몇 시간을 넘게 떠들었다. 내용의 대부분은 제주 도민들이 가는 정통 맛집과 부동산 관련 이야기였다. 제주

에 살려면 산의 해발 고도와 바람을 고려해야 한단다. 진심으로 제주에서의 삶을 생각해 보고 있었기에 경청했다. 집을 구하는 데 신경 써야 할 것이 한두 가지가 아니다. 대부분은 자연의 섭리에 관한 것이었고, 그것이 가장 큰 부분이라 오히려 좋았다. 층간소음이나 퇴근길 교통 정체를 생각하지 않아도 되는 것만으로도 훌륭하다고 생각했다. 사장님은 투박한 손으로 핸드폰을 꺼내어 본인의 보물과도 같은 맛집 리스트도 공유해 주셨다. 정말이지 너무 감사했고 선물을 받은 기분이었다.

소길리와 가까운 애월읍에는 내가 가장 좋아하는 장소가 있다. 그곳에 처음 갔을 때의 풍경이 생경하지만 어쩐지 익숙한 느낌이라 곰곰이 생각을 해 보니, 내가 지난 수십 년간 저수지 앞에 살았던 사람이라는 것을 깨달았다. 그곳에서는 저수지를 내려다볼 수 있었다. 정말 비밀기지 같은 곳이었다. 숨겨진 명소라 해도 과언이 아닐 정도로. 나만 알고 싶은 구바다와 비슷한 풍경이었다. 언덕에는 그네도 있었는데 사실 패러글라이딩을 하는 것보다 더 아찔했다. 눈앞에 풍경을 두고 그네를 타면서 바람을 느끼면, 그 풍경이 온전히 내 안에 새겨지는 기분이 들었다.

 누구나 자신만 알고 싶은 비밀장소가 있다. 그게 부엌이 되거나 어느 공원의 화장실이 될 수도 있을 것이다. 나에겐 구바다가 있다. 힘들 때마다 항상 구바다를 걸었다. 눈물이 왈칵 쏟아질 것 같을 때, 마음이 먹먹할 때마다 구바다의 가장자리를 걷고 또 걸었다. 그러면 곧 편안해졌다. 그렇게 그곳은 나만의 비밀장소가 되었다. 언젠가 내가 이곳에 누군가를 데려온다면 분명 나는 그 사람과 평생을 함께하게 될 것이라고 생각했다. 내 걱정을 묻어둔 곳에는 온전히 그것을 꺼내어 보여줄 수 있는 사람만을 데려올 것이기 때문이었다. 첫 번째 주인공이 되어주었던 청춘 같은 오랜 내 친구는 그 생각을 온전히 지켜주었다. 살아서 함께 구바다를 걸을 순 없지만 찬란한 기억 속에서 내내 함께 걷고 있으니까. 그리고 지금도 여전히 마음으로 그 길을 함께 걷는다.

 우리는 열아홉의 겨울, 구바다를 감싸는 큰 바위 위에 앉아 수없이 많은 대화를 나눴다. 짧은 교복 재킷을 깔고 앉아 당시 유행했던 하얗고 길쭉한 아이리버 MP3로 넬의 음악을 들으며 맥주를 마셨다. 죽음에 대한 이야기와 서로의 부모에 대한 이야기를 나누면서. 그렇게 울고 웃으며 같은 시선으로 구바다를 바라보았고, 이따금 작은 돌멩이를 각자 집어 들고 서로의 마음에 있는 돌덩이 같은 걱정들을, 그 작은 돌멩이와 함께 구바다에 날려 보냈다. 정말 있는 힘껏 내던졌다. 그러면 금세 홀가분해졌다. 그렇게 몇 년이 더 지나서 내 몸을 던졌는데 그때는 하나도 홀가분해지지 않았다. 옷이 물에 젖으니 축축해져서 오히려 더 무거워질 뿐이었다. 수십 년도 더 지난 지금은 그 안에 갇힌 우리의 기억을 꺼내러 간다.

하루는 비를 맞으며 조금 걸었다. 바람은 점점 더 거세지고 있었고, 야자수가 바람과 어울리게 춤을 추고 있었다. 마치 술에 취한 사람을 보듯이 그게 그렇게 위태로워 보였다. 하루가 어떻게 깄는지 모를 정도로 정신없이 지나갔지만 마음은 평온했다. 오늘 밤은 비까지 세차게 와주니 더할 나위 없었다.

비밀장소는 그곳이 비밀스러워서가 아니라 누군가 그곳에 비밀을 새김으로써 존재한다. 그런 생각을 하며 초록으로 둘러싸인 저수지의 둘레를 걸었다. 이번엔 가장자리가 아닌 가운데로 걸었다. 셋이 함께 걸었고 각자 다른 생각을 하며 걸었다. 이렇게 걷는 저수지의 심연에는 얼마나 많은 이야기가 담겨 있을까. 그런 것들을 생각하며 걷다 보니 금방 해가 질 시간이 되었다. 왠지 모르게 익숙해진 저수지의 둘레길이 벌써 그립게 느껴졌다.

미지근한 삶

요즘은 날씨 앱을 보지 않는다. 비가 오면 오는 대로, 맑으면 맑은 대로. 날이 좋으면 밖으로 나가고 비가 오면 종일 포근한 침대에 눌러앉아 책을 읽는다. 계획과 알람 없이 사는 것이 이리도 안온하다. 안온하다는 의미 중 하나는 날씨가 바람이 없고 따뜻하다는 뜻이던데. 날씨에 민감한 섬에서 하늘이 어쨌든 나는 늘 조용하고 편안하다. 역시나 나를 살리는 건 늘 자연이다.

여전히 책과 계절 그리고 작업에 대한 생각으로 하루를 보낸다. 계속해서 투덕투덕 무엇인가를 한다. 조카는 오늘 처음으로 뒤집기에 성공했고, 제주의 나무는 벚꽃잎을 떨어뜨리기에 분주하다. 몸소 느끼는 계절의 변화와 건너 듣는 소중한 이야기들이 지금의 나를 살게 한다. 내가 사랑하는 것들은 멀리에 있어도 늘 가까이에 있는 듯하다.

하루는 집으로 돌아와 정원에서 온종일 뛰놀았다. 엄지손가락으로 일기를 쓰다가 잠드는 날도 더러 있었다. 이곳에서의 꿈에서는 어떤 말을 해도 가끔 용서가 된다. 개도 옆에서 꾸벅꾸벅 존다. 아까 우리는 강렬한 햇볕이 내리쬐는 바다에 있었다. 그리고 지금은 눈꺼풀이 무겁다. 제주에서는 필름 사진을 맡기고 찾는 것이 두 번째로 큰일이 됐다. 첫 번째는 끼니를 때우는 일. 오늘도 필름이 현상됐을 때 마음에 드는 사진을 발견하며 짓는 표정을 꿈에서도 지을 수 있기를 바라며 잠에 든다.

나라는 사람이 언제부터 끼니에 이렇게 진심이 됐는지, 맛집이나 먹었던 음식, 이런 것들을 글로 쓰면서도 나 자신이 대견하여 실실 웃게 된다. 소소한 일상을 지내다 보니 먹는 것이 가장 크게 다가온다. 예전의 내 꿈은 오늘은 무얼 먹을까 하는 일상적이면서도 가벼운 고민을 하며 사는 거였다. 먹고 사는 것의 문제가 이토록 사람을 진지하게 만든다. 맛있는 식사와 따뜻한 산책. 둘을 바꾸어도 좋다. 따뜻한 식사와 맛있는 산책을 한 하루. 이 미지근한 삶을 나는 사랑한다. 내일은 또 무얼 먹을까. 이런 것들을 생각하며 삶이 이러한 하찮은 움직임들로 가득한 날들을 보내고 싶다.

멋지지 않은 사람은 나 뿐

　　　　　제주에서 하는 북페어에 참가하면서 그 참에 제주에 꽤 오래 눌러앉았다. 북페어가 진행되는 동안에는 내내 벚꽃을 봤다. 벚꽃을 보고 있자면 왠지 서글퍼져서 한동안 그것에 크게 마음을 두지 않았는데 이번만큼은 달랐다. 아름다운 것들은 역시 힘이 세다. 나는 흩날리는 벚꽃잎을 보며 얼마간의 서글픈 마음을 달랬다.

　한라체육관의 둘레를 감싸는 벚꽃길은 그 안에 있는 사람들과 닮아 있었다. 북페어 분위기는 정말로 활기찼다. 잠깐 피고 지는 벚꽃처럼 우르르 몰려왔다가 정신을 차리고 보니 어느새 사라지고 없었다. 지금까지 적지 않게 참가했던 북페어 중에서 가족 단위 고객이 가장 많았다. 아직도 그들의 빛나는 눈동자가 잊히지 않는다. 보통은 창작자들의 눈이 더 빛나는데, 이번엔 벚꽃을 대하는 나의 마음가짐이 달라져서 그런 건지, 독자들 혹은 방문객들의 눈이 훨씬 더 빛나 보였다. 적어도 마지막 날만큼은 그렇게 실감했다.

돌이켜보면 제주에서 가장 날씨가 좋은, 벚꽃이 흐드러지는 이 계절을 보내며 북페어에 참가할 수 있었던 것만으로도 참 감사한 일이었다. 시력이 좋지 않아서 앞이 선명하게 보이지 않아도 안경이나 렌즈를 끼지 않는 나인데, 갑자기 안경을 끼고 싶게 만들어줬으니까. 그리고 하나하나 읊을 수 없을 정도로 감사한 분들이 너무 많았다. 순간을 놓치면 지금의 감정이 사라질까 봐 정신없이 바쁜 와중에도 독자들의 말과 행동을 보고 듣고 적었다. 가끔은 책을 든 아름다운 손을 찍기도 했다. 나는 다른 부스에 있는 멋진 창작자들처럼 말주변이 좋지 않아서 묻지 않아도 독자에게 내 책에 대한 설명을 조곤조곤 읊을 정도로 넉살이 좋진 못했지만, 적어도 관심을 갖고 들여다봐 주는 분들에게는 감사의 인사를 꼭 드렸다. 구태여 설명을 보태지 않아도 어떤 것에라도 마음이 동한다면 마음을 따라가겠지. 어쩌면 내 책이 먼저 그의 마음에 가닿을 것이다.

북페어가 끝나자마자 허기진 배를 달래고 근처 산후조리원에 있는 친구를 만나러 갔다. 전 직장에서 만난 제주로 이사 온 내 친구는 대전이 고향인, 함께 외로운 서울살이를 했던 친구이다. 너무 반가운 마음에 병실 앞에 서서 실컷 떠들다가(코로나로 면회가 어려웠다) 긴장이 풀린 탓인지 갑자기 머리가 핑하고 돌아 친구 앞에서 픽하고 쓰러져 버렸다. 고생했고 지금도 고생하는 친구를 응원하러 간 것이었는데, 출산한 친구 앞에서 덥석 쓰러져버려서 오히려 친구가 나에게 미안해하는 상황이 되어 버렸다. 괜찮은 척하려 했지만 버티질 못했다. 잘 지내고 있음에도 불구하고 오해하기 좋은 상황이었다. 요 며칠 무리를 했더니 과로가 온 것이다. 내가 아는 한 인간의 고통 중 가장 힘든 출산의 여정을 막 마친 내 친구의 얼굴은 오히려 나보다도 더 좋아 보였다. 집에 오자마자 인스타에 온 힘을 다해 감사

글을 남기고 곧장 뻗어버렸다. 그날 하루는 참 길고도 짧았다.

 어쨌든 제주 북페어는 여태까지의 다른 북페어와는 달랐다. 분위기도, 사람도, 풍경도. 중간중간 서로 정신이 없어서 입금과 그것에 대해 확인을 하지 못하고 책을 보내는 일이 발생한 것 빼고는 완벽하다고 해도 과언이 아니었다. 내 책이 꼭 필요한 사람에게 갔으니 오히려 좋았다. 나는 복이 참 많은 사람이라고 생각한다.

 한동안 제주에서 오래 지내며 나를 더 알아갈 생각이었다. 사실 남을 더 생각하기 위한 임시방편일지도 모른다. 어쩌면 나는 점점 더 숨어 가는 중이지만 이따금 빛나는 눈동자들을 마주할 때면 다시 발가벗게 된다. 숨어있다가 들켰다가, 숨다가 들켰을 때. 그리고 영영 들켰을 때. 이번 북페어만큼은 아무리 들켜도 좋았다. 숨기 좋은 소길리에 잠시 머물면서도 잃어버린 대상을 드러내는 일을 나는 하고 있었다. 이곳에서 그것에 대해 다시 생각하게 될 줄은 몰랐지만, 따스한 계절의 벚꽃과 찰나의 생생한 눈빛, 그리고 그것을 대하는 나를 보며 깨달았다. 사랑도, 삶도, 살아감도 모두 나를 찾아가는 마음으로부터 온다는 사실을. 나는 결국 이번에도 몰래 숨었지만 들켜버린 것이 더 많았다.

　마지막 북페어 날에는 전날까지 준비해 온 책들을 희망과 함께 캐리어에 담았다. 오랜만에 알람 소리를 들으며 아침 여덟 시에 일어났다. 해가 드는 창문을 열고서 눈을 감고 잠시 바람을 느꼈다. 그대로 다시 잠들 것만 같았다. 불어오는 조금은 거센 바람. 그렇지, 여긴 제주였다. 무거운 몸을 이끌고 밖으로 나왔더니 어제보다 풍성한 벚꽃들이 차분히 나를 반긴다. 한라체육관으로 가는 길 내내 좋아하는 음악을 들으며 나도 따라 흥얼거렸다.

　온몸으로 나를 반겨주는 나무들 사이를 지나 한라체육관에 도착했다. 수많은 독립출판인들이 자신의 소중한 창작물을 다루고 있었다. 내 자리는 출구 쪽이었고 단숨에 익숙한 내 이름을 찾아내고 서둘러 책들을 펼쳤다. 오전 열 시 반이 되니 주최 측에서 김밥을 나눠 주셨고, 설치가 끝난 후 밖에서 간단히 물과 김밥을 먹었다. 혼자서 벚꽃을 보며 먹는 김밥에서는 꽃향기가 나는 듯했다.

사람은 생각보다 많았다. 체육관이 넓어서 충분히 수용 가능했지만 나는 왠지 그럴 수가 없었다. 코로나 이후로 발열검사 없이도 이렇게 사람이 북적이는 곳은 실로 오랜만이었다. 아이들이 이토록 많을 줄은 몰랐는데 말까지 많을 줄은 더더욱 몰랐다. 귀여운 얼굴로 속삭이듯 말을 걸어 주었다. 웃음소리는 끊이질 않았고 체육관엔 활기가 가득 흘러넘쳤다. 나는 처음 한동안은 정신이 없다가 몇 시간이 지난 후에야 적응을 한 것인지 덩달아 함께 신이 났다.

정신없이 바쁜 와중에도 기억에 남는 몇몇 독자분들이 있다. 책을 한참이나 들여다보던 수많은 눈과 손들이 기억에 남는다.

"정말 멋지세요. 팬이에요."
마스크 때문에 그 말을 하는 입술은 보지 못했지만, 눈빛으로 알 수 있었다. 가짜 칭찬이나 입에

발린 말이 아니었다. 이분 진심이구나. 이번에도 고마워서 어쩔 줄을 몰랐다. 그분은 묻지 않은 본인의 이름을 말하며 물었다.

"사인해 주실 수 있을까요?"

매번 이렇게 사랑받으면서도 나는 사인 하나도 제대로 할 줄 모르는 인간이 됐다. 보이지 않는 입으로 직접 꺼내어 준 이름을 쓸 줄도 모르고 그저 봄과 여름의 사이에 서 있는 당신께, 당신이라 쓸 뿐인 바보. 나는 아무것도 아닌 나에게 용기를 내어 팬이라고 말해주는 어여쁜 입술 앞에서 당신이라는 가깝고도 먼 호칭을 쓸 뿐인 못난 인간이었다.

귀여운 어린이 독자도 인상 깊었다. 내 명함을 한참이나 만지작거리더니 기어코 옆에 있는 엄마에게 말했다.

"나 저 책 사고 싶어."

"네가 저걸 사서 어디에 쓰게?"

어디에 쓸지가 아니라 왜 필요한지를 물어야 하는 것인데. 나는 어쩔 줄 모르겠다는 난처한 표정으로 아이를 쳐다봤다.

"가방에 넣고 다니게."

순간 울컥하는 마음이 들었다. 나에겐 가방에

넣고 다니려 한다는 표현이 함께하고 싶고 그래서 가방을 열 때마다 들여다보고 싶은 그런 소중한 책이라고 말해주는 것 같았다.

"고맙습니다. 특별히 깎아 드릴게요. 저도 가방에 넣고 다니는 것을 좋아 해서요."

나는 기쁜 마음으로 책을 할인해 줬고, 책을 할인해 준 건 그때가 처음이었다. 아이는 부끄러운 듯 귀여운 두 다리를 배배 꼬면서 감사 인사를 전했다. 그렇게 그들은 홀연히 떠나갔다. 왠지 모르게 서글픈 아이의 뒷모습을 보자니 나의 소중한 어린 시절이 생각났다. 나중에 꼭 커서 훌륭한 소설가가 되겠노라고 담담하게 말했던. 매일 밤 꿈꾸었던. 그렇게 멀어져 가는 아이의 뒷모습에서 희망찬 미래가 그려졌다. 저 아이가 꿈꾸는 무엇인가 이미 되어있는 모습이 보였다. 나는 마스크 안에서 안도하며 슬며시 미소 지었다.

혼자서는 처음 해보는 북페어라 제법 긴장을 했는데 소소하고 멋진 일들을 마주하고서 작은 용기가 생겼다. 수많은 사람들이 내 책을 읽고 그것을 그들 자신만의 언어로 해석하는 것. 그 안에 항상 사랑이 있길 바라고 있다. 온전히 눈빛에 집중하느라 사진도 책도 찍고 읽진 못했지만, 가장 생생하고 숭고한 눈을 알았고, 그것을 온전히 가졌으니 이거면 됐다고 생각했다. 오늘 하루는 벚꽃 잎만큼 충만해서 그런 사람들 앞에 서면 나도 바람을 따라 살며시 흐트러질 것 같았다.

세상에는 그리고 이곳에는 멋진 사람이 정말 많았다. 사실 멋지지 않은 사람은 나뿐이었다. 그중에 자신만의 이야기를 세상에 꺼내어 그것으로 다른 사람의 아픔을 다독여 줄 수 있는 사람은 많지 않다. 그보다도 아픈 사람이 책을 찾는 일은 더 어렵다. 그런데 이곳엔 온통 그런 사람들뿐이다. 나는 아플 때 책을 찾았는데 그런 사람들이 더 많아졌으면 좋겠다. 아무도 아프지 않고 사랑과 평화만 가득한 세상을 쓰고 읽는 일은 아무래도 없을 것 같지만 그래도 나는 계속해서 쓰고 싶다. 희망을 찾아 이곳에 온 수많은 제작자들과 독자들을 위한 바람을 계속 바라고 싶다. 오늘 아침 캐리어에 담은 희망이 이곳에도 가득 찼다.

내일도 모두 멋진 사람들뿐일 것이다. 어쩌면 나는 그런 사람들의 멋짐을 보기 위해서, 그리하여 이 세상에 안도하기 위해서 이곳에 서 있는지도 모르겠다.

시간의 더께

　　　　따스한 봄날이지만 아직은 차가운 바람이 분다. 고요한 아침과 일몰의 바다는 편안한 일상의 넉넉함을 그대로 닮았고, 여름으로 가는 길목에는 가을 하늘이 먼저 와 있는 듯 눈이 다 시원하다. 하루하루 짙어가는 계절과 풍경을 누릴 수 있음에 감사하다. 하루에 하나씩, 한 군데에서 질리도록 있자고 다짐했는데 초록은 아무리 봐도 질리지 않는다. 평생 보고 싶은 풍경이다. 초록 안에 있으니 숲과 함께 호흡하는 기분이다. 바다가 따스하게 감싸줄 때 비로소 숨을 쉬는 섬. 제주의 바람이 기분 좋은 이유다. 이곳의 바람은 압력이 높은 곳에서 낮은 곳으로 불기에 낮은 뜨겁고 밤은 차갑다. 나도 그만큼 금방 뜨거워지고 빨리 식는다. 이렇게 바다와 숲에 안긴 채 조용히 깊은숨을 쉰다. 그러면 가끔은 찰나의 순간이 영겁의 시간처럼 느껴지기도 한다.

이렇게 삶과 계절은 늘 연결되어 있다. 그저 겨울에 눈을, 봄에는 따스한 봄날을 기다리는 노력을 할 수 있어 다행인 시간이다. 하나의 기다림을 알면 두 번의 삶이 달라진다. 그 마음을 기꺼이 내게 주셔서 감사하다. 눈과 바람처럼 삶에 내리고 부는 기적을, 그것을 기다리는 노력을 계속해서 하고 싶다.

말이 길어오는 마음

　　　　도망치듯 내려온 제주에서 그럭저럭 잘 지내고 있다. 조용한 곳에서 가만히 시간을 보내며 지내는 것이 좋다. 모든 것이 다수에 맞춰 진행되는 집단 사회에서 살아가는 게 너무나 지겹다. 그것에 맞춰 새로운 것을 배우거나 만나는 것 또한 어렵게 느껴진다. 따라가지 못하면 패배자로 낙인되어 자괴감에 빠진 채 앓아야 하는 삶이 괴로웠다. 학창 시절엔 모든 것을 어쩔 수 없이 따라갔다. 잘 따라가고 있는 척, 알아들은 척, 이제 제법 익숙해진 척. 개개인을 위한 사회는 없었고, 여전히 사라지지 않는 새로운 관계의 늪은 이곳에도 있지만 혼자인 게 항상 더 편하다. 모든 것이 혼자인 게 편한 사람도 있는 법이다.

나의 가장 가까이에 있는 사람은 사람으로 에너지를 얻는 사람이다. 사람을 만나서 주고받는 에너지가 고갈이 없어 보일 만큼 멀쩡하다. 물론 나는 그와는 정반대다. 사람을 만나면 쉽게 지친다. 분명 좋은 사람이고 그런 시간을 보냈지만 늘 집에 가고 싶다고 생각한다. 그리고 종종 혼자 있고 싶어진다. 이건 상대방이 좋고 싫음을 떠나서 대부분이 그렇다. 만남 이후에 집에서 혼자 보내는 시간이 더 귀하게 느껴지기도 한다.

제주로의 이주 대화를 나누면서 우리가 알아차린 게 있다. 어쩌면 놓쳤던 사실인지도 모른다. 우리는 서로가 결국 어떤 상황에 놓여야 편한 줄 알면서도 함께하자는 말을 하며 이곳으로 왔다. 오늘 그는 서울집이 그립다고 했다. 예상을 해서인지 매우 놀라진 않았지만 조금은 속이 상했다. 불편한 것들이 많은 것을 불편해하는 것은 어쩌면 당연한 일이다. 사실 말을 하지 않아도 함께 하는 제주 생활이 따분하다는 걸 직감적으로 느끼고 있었다. 때때로 무료함을 느끼는 남편을 보면서 나도 따라 마음이 조금은 불편해졌다. 나는 제주 생활에 큰 만족을 느끼고 있었다. 그러나 혼자 느끼는 행복은 반쪽짜리 행복이다. 벌써 적응해버린 이곳 생활에 슬슬 없던 불편함이 생기고 있는 것 같다. 말이 길어오는 마음이란 이런 것일까.

이렇게 상대방의 한마디에 따라 나의 모든 것이 바뀐다. 나는 앞에 있는 사람의 상태나 태도에 따라 영향을 많이 받는 사람이다. 맛있게 음식을 먹고 있는데 상대가 갑자기 맛이 없다고 하면, 웬걸 입맛이 뚝 떨어져 버린다. 이것이 가장 잦은 예이다. 세상엔 이런 사람도 있고, 저런 사람도 있다. 그는 그저 사람들을 만나고, 그 안에서 에너지를 얻고, 그들과 함께하는 공간을 좋아하는 것일 뿐이고, 나는 그저 혼자 있고, 내 안에서 에너지를 얻고, 내가 만든 취향이 가득한 공간을 좋아하는 것일 뿐이다. 그래서 함께 제주로 왔다. 부부로서의 살아감을 응원하기 위해. 모든 게 나의 선택을 존중해 주는 그가 있기에 가능한 일이었다. 늘 나를 위해 노력하는 그를 보며 이번만큼은 한 발짝 뒤로 물러선다. 항상 져주고 싶은 마음이다. 이럴 때면 결혼생활 그 자체가 어떤 우정보다도 강력한 것이라는 생각이 든다.

　나는 혼자서도 가능한 사람이고, 남편은 함께해야 더 나은 사람이니까. 몇 달 후 우리는 서울로 돌아왔다. 우리는 모두 다르지만 이렇게 서로를 알아가는 데 평생의 시간을 쓰며 살아갈 것이다. 그 과정에서 놀라고, 사랑하고, 웃고, 안고, 울고, 양보하고, 미워하고, 보듬어주면서. 사실 우리가 달라서 좋은 게 더 많다는 사실을 나는 이미 알고 있다.

그때 또 울어도 돼요

　　대화는 느린 호흡으로 시작됐다. 주변을 천천히 살펴보며 평소와 달라진 것은 없는지 마음을 보듯 둘러본다. 상담하는 공간은 살짝 좁은 직사각형 구조로 되어 있고 마주 앉은 선생님 뒤로는 창문이 있다. 작은 창문 앞에는 다양한 식물들이 놓여있고 그 중 어느 하나라도 생생하지 않은 식물은 없다. 전에 없던 식물을 발견했을 때 기쁜 마음에 페페라는 식물이 새로 왔느냐고 선생님께 물었고, 선생님은 늘 *시기*에 있었다고 답했나. 나는 주변의 것들을 세심하게 관찰하는 편이라고 생각해 왔는데, 그것도 내가 좋아하는 식물을 놓쳤던 것에 조금 놀랐다. 선생님께선 마음을 다르게 먹으면 평소에 못

보던 것들을 볼 수 있다고 하셨다. 그래서 내가 어떤 마음으로 오늘 이곳에 왔는지 선생님은 아시는 것 같았다. 이 공간에 서면 보통은 어떤 현상에 대한 이야기보다는 기억에 대한 것을 생각하게 된다. 생각하기보다는 떠오른다는 표현이 맞을 것 같다.

선생님은 새삼 이곳에 오는 길은 괜찮은지 물어보셨다. 나는 오늘은 어떤 마음으로 왔냐는 질문으로 알아들었다. 그리고 나는 생각보다 엉뚱한 대답을 내놓았다. 뭔가 나에게 집중할 시간이 조금이라도 있으면 오래된 기억들이 점점 더 강하게 떠오르는 것 같다고. 계속 그것에만 신경을 쓰고 그때를 사는 것 같은 기분이 된다고. 그런데 또 이렇게 와서 선생님 얼굴을 뵙고 이야기를 하면 모든 게 다시 원상 복귀된다고. 선생님은 좋은 현상이라 하셨다. 이런 날은 몸을 더 많이 살피면서 이야기를 해 나가자는 말을 잊지 않으셨다.

과제처럼 내준 두 가지 용지에는 이런 것들이 질문으로 쓰여 있었다. 첫째는 기분이 좋아지는 순간이나 활동에 관한 것. 둘째는 이 주간 느꼈던 감각 단어에 동그라미를 그려 오기. 기분이 좋아지는 순간은 그 반대의 순간만큼이나 많다. 잠들기 전에 하는 반신욕이나 청소 후 커피 한 모금, 가족과 함께하는 산책, 개의 냄새를 맡았을 때, 운동이 끝난 후 맛있는 식사 한 끼, 함께하는 여행, 집에 오는 길에 호떡집을 발견했을 때 등등. 중요한 건 이것들을 떠올리며 내내 좋았다는 것이었다. 저렇게 좋아하는 걸 자꾸 상상하며 적다 보니 나도 모르게 그 순간에 빠져 있는 것 같은 기분이 들었다. 선생님은 그래서 이런 것들을 하는 것이고, 그 순간만큼은 신경계가 약간 더 조절하는 쪽으로 간다고 하셨다. 이런 시간이 많이 있어야 하고, 아픈 것을 자주 들여다 봐야하기 때문에 그것을 이겨낼 수 있는 힘도 있어야 하는 법이라고.

내가 적어낸 심상 자원이 많을수록 목표로 했던 트라우마 기억에 더 빠르게 대처할 수 있게 된다고 하셨다. 나는 트라우마 타깃으로 많은 기억 중에 3번을 골랐다. 3번은 초등학교 시절. 머릿속에 가장 기억이 많이 남는 장면이다. 선생님은 다소 조심스럽다는 반응이셨다. 몇 주는 조금 흘러가도 괜찮을 것 같다고. 그래서 우선은 우리가 그 기억을 다루기 위해서 자원을 많이 가지고 있어야 되는데, 그중에서도 든든한 보호자 작업을 먼저 하려고 한다고. 타깃은 정했고 그 기억을 다룰 때 만약 그 순간에 이런 누군가가 있었다면, 내가 조금 더 힘이 되는 자원을 떠올리는 연습을 했다.

힘이 들더라도 든든한 자원을 한번 떠올리는 연습을 할 건데요. 이 작업을 할 때 이제 쓰일 거예요. 그런데 진짜 그게 내 마음에서 우러나야 해요. 사람이 아니더라도 나랑 지금 뭔가 연결이 돼 있는 어떤 것, 어느 순간에 한 번 만났던 사람도 괜찮고요. 그래서 그런 식으로 부모님이 아니어도 되고, 과거의 어떤 인물일 수도 있고 현재 만나고 있는 누군가일 수도 있고요. 동물을 포함한 상상의 어떤 힘을 가진 종류가 있으시면 다 돼요.

혹시 그것도 되나요? 또 다른 저도 될까요?

좋아요. 이게 보통 성인 자아, 어른 자아라고 하

거든요. 그런데 그 성인 자아와 어른 자아가 말을 하고 뭔가를 할 수 있는 힘이 조금 있으면 좋겠어요. 지금의 성인 자아가 어떤 특성들을 갖고 있다면 그 상황이 아이한테 도움 될 것 같아요. 그렇게 느껴지나요?

상상 속에서는 항상이요. 똑 부러지게 할 말도 다 하고, 단호하게 할 수도 있어요. 냉철하고 이제는 남보다는 자신을 먼저 생각하는 저요. 어린 저를 보호할 수 있는 힘이 지금은 저에게 있어요.

좋아요. 그럼 그걸 오늘 잠깐 다뤄볼게요. 다루기 전에 다시 한번 호흡하시고 내 몸이 어떤지를 살펴주세요. 왜냐하면 지금 그때의 이야기를 하면서 트라우마의 기억이 조금은 떠올랐을 거거든요. 혹시 지금 상태가 어떤지, 몸에서 전체적으로 작은 변화라도 있는지. 예를 들어 제가 관찰하기로는 얼굴이 좀 굳어진 것 같아요.

안으로부터 떨린다, 약간 이런 느낌이 있었어요. 안에서부터 떨려오는 느낌이요.

자연스러운 반응이에요. 힘들었던 순간이었기 때문이에요. 자신을 살피는 지금은 좀 어떠세요?

방어를 잘했다고 생각하면 괜찮은 것 같아요.

떨리는 느낌이 조금 잦아들었나요? 아니면 그대로 있나요?

그대로 있는 것 같아요.

그 떨림을 진정하는 데 도움이 될 만한 게 뭐가 있을까? 이렇게 생각하면서 조금 안정을 취하고 다시 들어갈 거예요.

네. 마음이 떨리는데 그래도 몸에서 여기는 괜찮네 하는 데가 있어요. 머리예요. 머리로는 이제 다른 생각을 하려고 뭔가를 끊임없이 찾는 것 같아요. 힘든 상황에서 벗어나려고요. 얼마 전 선생님께서 코로나로 이 주간 고생하셨다고 말씀하셨을 때 저도 그랬던 게 떠올라서 그 생각으로 빠르게 전환되는 걸 느꼈어요.

　네, 그 생각하면 좀 나으세요? 그 생각도 아주 좋은 생각은 아니지만 그래도 좀 나았고 전환되는 느낌이 들었으면 괜찮아요. 일단 전환할 수 있다는 거니까요. 트라우마라는 에너지가 강력해서 이렇게 확 빨아들여요. 그때 이 생각을 계속하는 거예요. 심상 자원이 되어주는 것들. 이제 심상 자원 중에서 하나를 떠올려 볼게요. 어떤 게 좋을까요?

　저희 집 개 냄새를 맡을 때가 좋아요. 미역국 같은 비린내와 고소한 냄새가 섞여서 나거든요. 사진을 봐도 좋다고 하셨는데, 봄이는 제 머릿속에 늘 살아 있어서 바로 떠올릴 수 있어요. 뭔가 사르르 녹는 느낌이 들어요. 마음 안에서부터 잔잔해지고요. 발의 감각이 없었는데 지금은 몸 전체가 다 느껴져요.

　잘하셨어요. 그러면 이제 그 상년으로 짐껀 한번 가볼까요? 괜찮으시겠어요? 그 일 중에 떠오르는 한 장면으로 가보는 거예요. 그걸 떠올리시면서 몸에 반응이 있을 거예요. 감당하실 수 있다면 조금 더, 힘드시면 바로 얘기하세요. 어떤 장면인지 말하기 어렵다면 떠올리시기만 하면 돼요. 그리고 아까 생각했던 어떤 든든하고 확실하고 강력한 보호자를 이 장면에 한 번 데려오려고 하는 거예요. 할 수 있죠?

네. 선생님 그런데요. 아까 저의 성인 자아를 데려오려고 하셨잖아요. 그런데 이게 막상 상상하면서 하려고 하니까 갑자기 무서워져서요. 다른 사람을 불러와도 괜찮을까요? 갑자기 자신이 없어요.

네. 아주 좋아요. 지금 잘 알아차려서 너무 반가워요. 그럴 수 있거든요. 그러면 조금 더 힘 있고 강력한 보호자를 필요로 하는 것 같은데 지금 데려와 볼까요?

네. 저희 새언니로 할게요. 새언니는 늘 자신 있게 할 말 다 하고, 강한 느낌이어서 가끔 이렇게 든든할 때가 있어요. 뭔가 할 말 다 해줄 것 같아서요.

좋아요. 그 상황에 새언니가 조금 더 다른 어떤

힘을 갖고 오게 할 수도 있어요. 상상으로 뭐든 할 수 있거든요. 조금 더 이렇게 크기를 키울 수도 있고 원하시는대로요. 아니면 그냥 그 상태로 보셔도 되고 그 새언니를 어디에 위치시킬까요?

제 오른쪽 옆, 초등학교 담임선생님 맞은편이 좋겠어요.

그럼 지금 선생님이 앞에 있는 상황인 거네요. 오른쪽에 새언니가 있으니까 어떠세요? 지금 얘기할 때 몸의 느낌 한번 잠깐 살펴보고 싶어요. 감당할 만한가요?

든든하고요. 아까보다는 덜 일렁거려요. 아직 감당할 만해요.

네, 좋아요. 상황을 떠올려보시고 그 상황에서 내가 하고 싶은 행동이 있는지, 아니면 대신 새언니가 해줄 만한 행동이 있는지. 그걸로도 부족하면 더 든든한 보호자를 데려올 수도 있어요. 직접 하길 원하나요? 어떤 말이나 행동을 해줬으면 좋겠나요?

우선 새언니가 이 아이에게 딱 든든한 보호자가 된 거예요. 냉철하고 판단력도 있어서 할 말을 딱 하는 그런 사람.

시끄럽게 상상해 봤는데, 이상한 것 같아요. 며칠 전에 〈더 글로리〉라는 드라마를 봤는데요. 거기서 주인공인 동은이가 있는데, 저와 새언니 옆에 더 강한 동은이가 있는 상상을 했어요. 아주 멋지게 복수를 해주는 역할로.

괜찮아요. 바뀌었다는 거 따라가셔야 돼요. 그래요. 앞에 동은이가 있어요. 동은이가 얘기해 주면 될 것 같아요.

동은이가 극 중에서 자기 고등학교 선생님에게 찾아가 복수하는 장면이 있거든요. 그때의 표정과 행동으로 제 앞에서 말해주고 있어요. 웃는데 소리지르면서요. 큰 목소리로 단호하게 말하고 있어요.

좋아요. 말도 안 되는 상황이었어요. 다 얘기하지 않으셔도 되지만 동은이는 뭐라고 했나요?

당신이 선생님이냐고. 이렇게 시작해서 속시원히 다 얘기하고 그다음에 이제 제 손을 잡고 나가자고 해요. 제 손을 잡고 교무실을 빠져나가요. 이제 교실 문을 두드려요. 교실에서는 칠판 앞에 서서 친구들에게 소리쳐요. 누가 그랬냐고. 그러면서 친구들이 다 보는 앞에서 동은이와 학교를 빠져나와요. 둘이서 웃으면서 아이스크림을 먹고 놀이동산에 가요. 그리고 저는 전학을 갔어요. 그곳에서 따뜻하고 선한 선생님과 친구들을 만나 행복하게 학교생활을 이어가는 상상을 했어요.

네, 좋아요. 지금 몸에서 보내는 신호를 알아차려 보세요. 숨을 크게 쉬시는 게 심장이 빠르게 뛰고 있을 것 같은데요. 우리가 이제 옳은 얘기를 할 거고, 그런 이야기들을 할 때 이렇게 에너지가 있어야 하니까 심장이 좀 빠르게 뛰기도 해요. 제 심장도 같이 뛰네요.

심장이 제일 콩닥거려요. 상상을 한 후로 편해졌는데 끝을 맺으면서 그런데 이제 다 지나간 일인데 무슨 소용이 있을까, 하고 생각하면서 서글퍼졌어요. 상상처럼 할 수 있는 게 아닌데.

우리가 지나간 기억을 지금 다 바꿀 수 있는 건 아니지만 이미 지나간 일이잖아요. 그 일을 떠올렸을 때 나에게서 일어나는 반응을 바꿀 수는 있는 거예요. 지금 올라오는 감각을 그냥 그대로 두세요. 지금 어떤 것이 느껴지세요?

치료인데 나 약간 바보 같다, 이런 생각이 들어요. 뭔가 아직도 이런 생각을 가지고 그러니까 그때 그곳 그 시절에 사람들은 아무도 기억조차 못 할 텐데. 나는 아직까지 이 기억으로 내내 말라 있고 그런 생각 때문에 상상을 하는 게 조금은 한심하단 생각이 들어요.

우리 그 기억으로부터 지금 치유되기 위해서 애쓰려고 노력하고 있고, 그 부분에 대해 이렇게 이야기하는데. 그런 건 중요하지 않아요. 다섯 살 때 기억이라도 해결이 안 되면 팔십이 되어서도 계속 거기에 머물러 있게 돼요. 오히려 지금 되게 용기 내신 거잖아요. 이 부분을 다뤄서 잘 살아가고 싶기 때문에 지금 시도하시는 거거든요. 저는 지금의 어른 자아가 필요한 것 같아요. 아까 처음에 들어갔을 때요. 지금의 어른 자아로 다시 간다면 무얼 하고 싶으세요?

어렸을 때 저를 말없이 안아주고 싶어요. 그때 못 울었던 걸 지금 다 울고 있는 것 같아요.

다행이네요. 울 수 있게 시간을 주세요. 너무 무섭고 자기 편이 없었던 아이예요. 수없이 여러 번을 하다 보면 이제 안 울게 돼요. 눈물이 나서 우는 게 나쁜 건 아니에요. 계속 그렇게 안아 주시고 그 아이를 한번 느껴보세요. 지금은 어떻게 하고 있나요? 아이들은 아무리 힘들고 슬퍼도 이렇게 안아주면 그 품 안에서 따뜻함과 호흡을 느끼면서 점점 나아져요.

이제 씩씩하게 일어났어요. 이제야 제가 세내로 느껴져요. 아까는 제 몸이 아닌 것 같았는데.

주변을 다시 한번 천천히 둘러볼까요? 이렇게

내면으로 쑥 들어왔었으니까 현실이 보이죠. 혹시 아까처럼 둘러봤을 때랑 지금이랑 차이가 있는지, 없어도 괜찮아요. 안 보이던 게 보일 수 있어요. 그리고 볼 때 기분이 좋아지는 게 있으면 그것에 시선을 오래 머무셔도 좋아요. 그리고 다음에 올 때는 이것을 한 번 더 다루도록 할게요. 그때 또 울어도 돼요.

4장

문장 뒤에 있는 사람

나는 왜 쓰고 만드는가

지난한 마음을 되돌려본다. 삶은 되감기 할 수 없으나 글을 통해 되감기 할 수 있고 그것이 앞으로의 인생에 도움이 된다는 점이 글쓰기의 유일한 기쁨이다. 사회생활을 하면서 항상 빠르게 의견을 주고받고, 결정하고, 실행하는 데 초점이 맞춰져 있다가 갑자기 만난 독립의 세상에서는 정제되지 않은 글을 마주하는 느린 호흡 자체가 신선했다. 감춰져 있으나 누구도 들추지 않는 다양한 삶의 여정을 천천히 내리읽다 보면, 저마다의 마음이 깃든 보이지 않는 존재들의 수많은 몸짓이 느껴진다. 그것에 귀 기울이다 보면 낯선 세계의 말들이 가뿐히 경계를 넘어 내게는 더없는 다정함으로 다가온다.

커다란 마음에 사는 기억의 세계. 나는 그것을 안으로부터 깨트려 전면으로 마주하는 글쓰기를 시작했다. 이 과정 자체가 온전한 자기 정체성에 균열을 가하는 일이 되어 시간이 갈수록 더욱 단단한 심장 자원을 찾아내는 내적 극복이 필요했다. 떠도는 기억의 정체성을 안으로부터 깨트려 새로운 주체성을 느린 걸음으로 확보해 나간다. 트라우마를 극복하는 과정은 온전하고 단일한 자기 정체성에 균열을 가해 내적 분열을 경험하는 일이므로, 나에겐 더 많은 분열이 필요하다. 그러니 쓸 수 있는 몸과 마음의 용기가 절실한 것이다.

우리는 관계의 고통을 알면서도 늘 더 자유롭기 위해 애썼고, 더 나은 사람이 되기 위한 선택을 한다. 타인과 갈등을 빚고, 그 때문에 힘들어하면서도 타인과 더불어 살아가야 하는 내가 할 수 있는 유일한 행위는 오직 찍고 쓰는 일이었다. 그리고 그것은 나를 지키는 방법이 되었다. 되돌아보면 인생의 수많은 선택지 중에서 올바르고 정확한 선택을 하기 위한 노력과 선택의 결과에 대한 마음가짐은 책에서 배웠다. 그러나 이제는 책의 옆면을 살피며 방황하는 일 따위는 하고 싶지 않다.

　상심은 눈에 보이지 않는 괴로움이다.
　다리를 절뚝이게 되지도 않고, 분명한 흉터도 없다.
　좁은 주차장 자리나 자유로운 출입을 보장하는 스티커도 발부되지 않는다.
　그래도 심장은 마찬가지로 부서진다.
　영혼은 곪는다. 이 상처는 치료하지 않으면 치명적일 수 있다.

　〈죽음을 묻는 자, 삶을 묻다〉 토머스 린치, (테오리아, 2019)

　눈에 보이지 않는 괴로움을 이기기 위한 글쓰기. 토머스 린치의 분명한 말처럼 흉터가 없어도 영혼은 곪을 수 있기에, 그것이 썩어 문드러지기 전에 내가 할 수 있는 벼랑 끝 치료로 마음을 드러내고 쓰는 일을 택할 뿐이다. 부서지는 심장을 감싸는 무자비한 그의 문장을 보며 나는 삶을 묻는다. 그리고 그런 말을 두고두고 하고 싶다. 삶에서 글로서 한 번이라도 누군가를 구해줄 수 있는 사람이 되고 싶다고. 단 한 번이라도 아프지 않은 세계를 주고 싶다. 한 번이라도 누군가의 천사가 되었던 사람은, 반드시 행복해진단다. 나는 이 말을 믿고 있다.

회색 인간

세상의 생김새에 대해
자세히 알고 있다

서른 살이 넘으면 자신이 겪은 색으로
삶의 풍파에 적합한 얼굴로

어느 2월의 추운 잿빛
가장 좋아하는 온도는 17~19℃ 사이
회색이 침범한 하늘은 온통 먹구름

회색 앞에선 모든 것이 차분하고 조용하다
거리에는 매끄럽게 생략된 얼굴들

표정에서 느껴지는 견고함

비슷한 감각은 늘 음악으로
회색에 어울리는 목소리로
침잠한 도시를 투명하게 바꾸는 이름으로

모든 대상을 희석하면 눈부시게 탁하고
향기는 묵직하게 흩어지며 시야는 자욱하다
너무 쨍한 빛 속에서 노출되는 필름
여차하면 본디 아무것도 아닌 모습

햇빛은 강렬하고 뚜렷하지만
잿빛은 침착하고 선명하다
별안간 다가오는 회색의 힘
인간의 잿빛 얼굴을 알고 있다

플라스틱 시대의 분노

주말 오후에 늘어지는 낮잠을 자고 대청소를 한바탕했다. 간밤에 복잡한 생각으로 해가 떴을 때야 눈을 감았더니 그것이 단잠이 되어 청소하는 내내 허기와 피곤이 몰려왔다. 마지막으로 냉장고 청소를 끝내고 텅 빈 식자재를 채우러 마트에 갔다. 언제든 냉장고가 채워져 있으면 마음마저 가득 채워지는 느낌을 받는다.

마트에는 주말 오후라 그런지 평소보다 사람이 많았다. 얼마간 정신없이 필요한 물품들을 카트에 가지런히 담아 차례대로 결제 대기 줄에 섰다. 차분히 결제 순서를 기다리고 있는데 어디선가 핏대 높인 언성이 들려왔다. 언짢은 목소리가 확성기처럼 점점 크게 들렸다. 결제하는 아주머니는 자기가 골라온 것들과 영수증의 금액이 일치하지 않는다며 약간의 짜증을 냈고, 직원은 그렇다면 다시 환불하고 재결제를 해야 하니 장바구니에 담은 물건들을 다시 꺼내 달라는 식의 내용이었다. 자세하진 않았지만 그렇게 예민한 문제는 아닌 것 같으니 금방 처리되겠지 생각했는데, 결제하는 아주머니가 한순간 분노에 휩싸였다. 자신이 실수한 것이 아닌데 왜 이걸 본인이 다시 꺼내야 하냐며 화를 내기 시작한 것이다. 얼마간 버럭버럭 소리를 지르다 이윽고 전체 취소를 해 달라고 했다. 도저히 사고 싶지가 않다고. 이 기분으로는 사 갈 수가 없다는 것이었다. 마트 점원은 이러지도 저러지도 못하고 10분가량 카드를 손에 쥔 채 실랑이를 벌였고, 결제를 기다리는 다른 고객과 마트 내부에 있는 사람들은 하나둘 그들을 주목 또는 방관하기 시작했다.

소리를 지르는 아주머니는 마스크에 가려졌지만 반쯤 시뻘건 얼굴이 되었고, 마트 점원은 핏기라고는 찾아볼 수 없는 창백한 표정이 되었다. 여기서 무얼 할 수 있을까. 누구를 어떻게 도와야 할까. 오지랖은 어렵고 분노는 힘겨운 상황. 이 지긋한 상황이 정리될 때까지 차분히 기다리는 수밖에. 다음 결제를 기다리던 한 가족은 앞으로도 뒤로도 가지 못하고 옴짝달싹 못 하는 지경에 이르렀다. 그러다 결국 펼쳐 놓은 본인들의 물품들을 다시 카트 속으로 던지며 여기서 계산하지 않겠다며 다른 곳으로 이동했다. 이들의 경직성이 그다음에 서 있는 나에게까지 영향을 미쳤다. 누군가는 서둘러 중재해야만 끝날 상황이라고 생각했다. 나는 사람들이 기다리니 계산을 먼저 좀 해 줄 수 있냐고 물었다. 그러자 다른 계산원이 달려와 지금은 계산이 어렵다는 문구가 적힌 가이드라인을 세우고 옆쪽에서 도와드리겠다며 사람들을 안내했다. 그들은 결제하면서도 다른 고객들의 볼멘소리를 들었다. 일 처리를 빨리빨리 해야지, 답답하다는 식의 표현들. 물론 직원의 실수도 있었지만 감정에 점령당해 통제가 힘들어 아무것도 볼 수 없어진 아주머니의 분노가 있었다. 애써 시간을 내어 구매한 물품들을 다시 돌려 놓게 만드는 뒤편의 어두운 분노가.

생각해보니 내가 소리를 지르고 난감해하는 직원 앞에서 그렇게까지 신경이 곤두섰던 건 사실 그 현상 때문이 아니라(조금은 현상 때문이기도 하지만) 맡은 일을 무엇 하나 제대로 해내지 못하고 있다는, 스스로에 대한 자괴감 때문이었다. 줄이 밀려서 시간이 지체되는 것 때문이 아니라 내 마음 때문에. 안 그래도 아무것도 제대로 못 하는 나인데 구입할 돈도 있고, 결제만 해서 나가면 되는데 마트에서조차 결제 하나까지 내 마음대로 할 수가 없다는 사실이 나를 슬프게 했다. 나는 슬프고 그러나 이 상황은 해결해야 할 것 같고. 그렇게 슬프고 우울하면서도 어두운 열정의 분노가 나에게도 있었다.

걸핏하면 화부터 나고, 화가 나는지도 모르면서 화가 나고, 무료해서 화가 나고(자신의 가치가 없다고 느끼면서) 화를 내야 직성이 풀리고, 화내는 사람을 보면 못마땅해서 화가 나고. 화가 가는 이유는 사람 숫자만큼이나 많겠지만 분노는 필요 이상의 감정이다. 이처럼 누구나 흔히 겪는 감정이기도 하다. 우리는 감정을 필요한 만큼 유지하기 어려운 시대를 살아가고 있다. 분노가 일상화된 시대이다. 그리고 그런 나도 이 시대를 살아가는 한 사람이었다.

집으로 돌아오는 길에 '분노의 시대'를 떠올리고 지난한 일들을 되새기면서 조금씩 다른 마음을 가질 수 있는 힘이 생겼다. 반성을 넘어선 극단과 분노가 일상화된 이 시대에 분노를 일정하게 조절하여 나의 행동의 동력으로 삼는 것. 나의 분노는 이제부터 지나친 인내이다. 어두운 목소리를 내지 않더라도 나는 인간인 채로 이 시간을 잘 지나갈 것이니까. 최후의 분노를 변호하자면, 이 글은 분노하기 싫어서 쓰는 글이라는 것이다. 가끔은 거친 분노를 잃어야만 한다. 그야말로 온유한 분노가 필요한 시대이니까.

바깥에 머무는 사람

여전히 알 수 없는 세상에서는 바깥에 머무는 시간이 길어진다. 렌즈를 따라가다 보면 모든 것은 마음에 따라 넓고 얕게 혹은 깊고 좁게 보인다. 사람 안에는 물이 고여 있고 그 물 위에는 의식이 흐른다. 의식은 풍경처럼 흐르고 풍경은 형태를 잃으며 투명하게 뒤섞인다. 나는 늘 내가 본 것을 찍었다. 그러면 누군가는 깊다고 말해주었다. 깊다는 건 그런 게 아닐까. 보는 것을 보이게 하고, 보이지 않는 것을 보이게 하는 것. 그게 나의 일이다. 내가 만들어내는 것들은 내게 보이는 것들이지만 사실은 나의 마음속에 있는 것들에 더 가깝고, 현실의 세계이지만 비현실의 세계와도 같다. 그게 글이든 사진이든 이 모든 것들은 실제로 일어난 일이고, 만들어내는 과정이 아니었다면 일어나지 않았을 일이기도 했다. 마음은 넓게 쓰고 시야는 조금만 덜 쓰고 싶다.

삶의 미약한 신호

　　　　　부쩍 입덧이 심해져서 참을 만큼 참아내다 밤을 새우고 산부인과 검진을 다녀왔다. 처음으로 아기의 심장 소리를 들었고 완두콩 크기 만한 심장이 뛸 때마다 함께 콩닥거리는 내 마음을 주체할 수가 없었다. 그렇게 링거를 맞고 약을 타서 집으로 오는 길에 외삼촌이 임종을 앞두고 있다는 소식을 들었다. 집에 와 아기의 초음파 사진을 정리하는 동안 외삼촌은 하늘나라로 가셨다. 가족들이 그의 곁을 지켰다. 고향에 살면서는 달마다 한번은 보았던 선하고 과묵한 외삼촌의 얼굴이 떠오른다. 나는 그의 마지막을 함께하지 못했다. 임신을 했고 입덧이 심하다는 이유로 내려갈 수 없는 상황이 괴로

웠다. 오랜 세월 함께한 가족의 마지막을 배웅해 드렸어야 하는 건데. 자꾸 이런 생각이 들 때마다 배 속에 있는 아기의 심장 소리를 떠올렸다.

매일 누군가는 죽고 누군가는 태어난다. 그리고 누구나 태어나 반드시 죽는다. 죽고 사는 일 자체가 모두의 숙명이고 일어날 일이지만 우리는 그것을 잊고 마치 영원히 살 것처럼 오늘을 산다. 죽음이 정해져 있는 삶의 시간을 아는 채로 산다고 가정했을 때, 우리는 얼마나 마지막인 것처럼 살 수 있을까. 나는 선택할 수 있다면 내가 죽는 날짜를 아는 쪽이 되고 싶다. 삶에 끝이 있다는 걸 자주 잊곤 하니까. 언제 가더라도 늘 마지막을 떠올리며 살아가고 싶다. 환하게 웃으면 엄마의 얼굴이 겹치던 외삼촌의 모습도, 이제 막 뛰는 심장을 가진 태아의 모습도 모두가 영원하지 않으므로. 그렇기에 더더욱 소중한 오늘을 이렇게 쓰지 않으면 나는 또 잊을 것임이 분명하니까.

죽음에 드리워진 얼굴을 볼 때마다 똑같은 표정이 된다. 삶의 미약한 신호이다. 모두가 언젠간 죽는다는 타인의 신호. 조금 더 빠르거나 혹은 느리게. 삶에서 이것을 따로 떼어 놓고 살 수는 없는 것 같다. 그냥 하루에 이것을 얼마나 더 자주 생각하는가에 대한 문제일 뿐. 인생에서 가장 중요한 지금을 살아가고 있다는 사실을 늘 떠올릴 수 있게 된다면 좋겠다. 그리고 지나간 어제보다는 다가올 내일을 떠올리며 살아가고 싶다.

기억에 거리를 두는 방법

지금 저를 힘들게 하는 건 어렸을 때의 기억들인 것 같아요. 그러니까 성인으로서 회사에서 겪었던 힘듦은 제 나름대로 스트레스를 해소할 수 있는 무언가를 찾아서 그것에서 꾸준히 멀어졌던 것 같은데, 어렸을 때를 생각하면 갑자기 마음이 먹먹해지고 이제 와 어떻게 할 수 있는 일이 없으니까요. 그런 기억을 가지고 살아가는 게 조금 힘들 때가 있어요. 생각하려고 해서 생각하는 건 아닌데 종종 자기 전에도 떠오르고 갑자기 생각날 때가 많아요.

이 부분도 어린 시절의 기억을 조금 다루고 싶

은 거예요. 최근에 이슈들도 있었지만 방금 얘기하신 거에 조금 더 설명해 드리자면 어렸을 때 기억을 없앨 수는 없어요. 가끔 떠오르는 장면들이 있을 텐데, 그것이 네 가지 요소로 저장이 돼요. 기억 자체를 없앨 수는 없지만 네 가지 요소를 없애는 거예요. 이걸 처리하면 그냥 과거에 한 가지 일로 흘러가요. 굳이 떠올리고 싶어 하지 않는 기억이 트라우마가 되는데 그런 기억일수록 이런 반응들이 많이 나타나거든요. 그러니까 내가 그때 해결이 되지 않은 거예요. 이게 해결이 되지 않고 해소되지 않아서 현재에 계속 영향을 미치는 거거든요. 그럼 그때 내가 뭔가를 해야 했었는데, 하는 욕구나 충동들, 해결되지 않은 것들이 계속 남아요. 그래서 해결하고 싶은 욕구로 그 기억이 반복적으로 계속 떠올라요. 트라우마의 특징이에요. 보통은 자려고 할 때, 혼자 있을 때, 이럴 때 많이 나거든요. 왜냐하면 평소에는 그래도 의식적으로 내가 통제를 했는데 자기 직전에는 의식의 통제가 제일 약할 때거든요. 그럴 때 많이 침투해요. 침투를 하는 것이 특징이고 계속해서 다른 쪽으로 변형시키면서 내가 이렇게 해야 했었는데, 저렇게 해야 했는데, 이런 것들 있잖아요. 그게 꼭 나쁜 건 아니에요.

 우리가 얘기하고 이렇게 생활할 때는 적절한 수준인데 옛날얘기 하면서 또 약간 숨이 좀 다시 차게 되잖아요. 그게 이 경계 쪽으로 올라가고 있는 거예요. 올라가고 있고 이걸 넘어서게 되면서 흥분하게 되는 거죠. 그럴 때 더 가면 호흡이 잘 안되고 신경이 빨라지면서 감정에 압도돼요. 아마 자기 전에 그런 생각이 많이 들 거예요. 사실 그때의 신체 감각을 알아차려 보면 심장도 막 빨리 뛰는 것 같고 약간 과각성 쪽으로 가는 그런 상태일 것 같아요. 반면에 어떨 땐 저각성으로 가기도 하는데 이런 경우에는 각성 수가 좀 떨어지는 거거든요. 이게 너무 과부하가 되니까 스스로가 아예 뚝 끊어버려서 차단한 상태로 가는 거예요. 그래서 약간 멍해지고 뭔가 기분상으로는 우울해지면서 무기력해지고 아무것도 하고 싶어 지지 않은 이런 상태로 가요.

 우리가 기억 트라우마가 많을수록 이것을 조절하는 게 잘 안돼서 균형이 깨지고, 과각성으로 가거나 저각성으로 가는 경우들이 많아요. 그러니까 아예 압도되거나 아니면 그러기 전에 차단해 버려요. 그리고 아까 왜 제가 얼어붙는다고 그랬잖아요. 저각성의 대표적인 반응이에요. 우리가 갑자기 놀라게 되면 '얘는 좀 위험해! 위기 수준이야. 도망가!' 하면서 이 아래로 훅 떨어져 버려요. 얼어붙는 거죠. 고통이 과각성으로 가는 걸 막고 저각성으로 바꾸어 버리죠.

앞으로도 조금씩 몸에 집중하면서 연습을 해야 해요. 얘기할 때 물론 그 드라마틱한 순간에 딱 저각성이 되면 좋겠지만 대화할 때 보면 과각성으로 가서 저각성으로 조금씩 내리는 게 더 나아요. 저각성으로 가는 건 올리는 데 조금 더 노력이 필요하고 그걸 하면 되니까요. 어쨌든 이 연습을 그동안 조금씩 해오셨던 거예요. 반복적으로 떠오르는 게 처리가 더 힘들다는 건 본능적으로 아시죠. 인지적인 작업뿐만 아니라 그 아래 감정 작업 그리고 더 아래의 감각 작업이 되어야 기억 처리가 되는 거거든요. 그러려면 감각 단어는 조금 익숙해져야 해요. 몇 가지 감각 단어를 드릴게요. 이 안에서 뭔가 시원한 걸 느꼈다고 하면 그것에 동그라미 치면 되고 감각을 느낄 때마다 표현하면 돼요. 이 과정을 하면서 감각 단어에 익숙해지게 돼요.

이렇게 연습하는 이유는 사실 바로 트라우마 치료에 들어가도 되긴 하는데요. 몸이 감당할 준비가 되어 있지 않은 상태에서는 어떤 것도 어려워요. 여기를 벗어나지 않거나 이 안에 머무를 준비가 되지 않으면 또 고통만 경험하지 처리는 안돼요. 그래서 그 연습을 미리 조금 조금씩 하는 거예요. 연습이 필요해 보여요.

각성 조절을 위한 여러 가지 방법이 있어요. 그런데 자원이 많이 있으신 것 같아요. 스스로 조절이 너무 안되는 분들은 이것만 굉장히 오랫동안 하기도 해요. 하지만 이런 것들을 평소에 연습해 놓으면 창이 점점 넓어져요. 창이 좁기도 하고 넓기도 한데 창이 좁으면 어떤 충격이나 스트레스를 받으면 창이 더 좁아져요. 그런데 우리가 일상을 살아갈 때 각성이 올라갔다 내려갔다 하거든요. 여기만 넘어서지 않으면 돼요. 창이 넓을 때는 얘가 크게 나한테 영향을 미치진 않아요. 그렇게 넘어갈 수 있는데, 내가 지금 스트레스를 받거나 취약한 상태에서는 이 창이 좁아지거든요. 평소에 계속 감정을 안정화하는 그런 것들을 조금씩 연습해 두면 이제 점점 창을 넓혀서 자신을 스트레스에서 영향을 덜 받게 해요.

선생님. 혹시 만약에 예전의 어떤 사건을 생각하면서 트라우마 치료를 받다가 지금의 힘듦이 이렇게 침투해 들어올 수도 있나요?

좋은 질문이에요. 그런 현상이 잦아요. 제가 이제 그걸 보면서 분리할지, 아니면 어떤 면에서 연관이 되니 조금 더 확장 시킬지 중간중간 계획을 할 거거든요. 그러니까 타깃에만 머무르지 않고요. 사실 얘를 다루는 건 현재의 내가 그것과 연관돼서 힘든 게 있어서잖아요. 이전의 사건이 아무리 힘든 일이 있어도 지금에 영향을 미치지 않으면 굳이 다룰 필요가 없어요. 감정적으로나 몸의 감각이 어떤 식으로든 연결돼 있잖아요. 이걸 다루다 보면 갑자기 얘가 떠오르기도 하고 그래서 그걸 다시 가기도 하고. 그런데 어쨌든 이걸 다 한꺼번에 다루면 너무 커서 진행이 좀 더디게 되거든요. 그 판단은 제가 할게요.

일단은 그냥 떠오르는 대로 가시면 되고 제가 이제 다시 돌리기도 하고 좀 내몰기도 할 거예요.

그리고 사회적 연결은 기본적으로 제일 강력한 선데요. 내가 믿고 의지할 수 있는 사람과 얘기한다거나 연락을 취한다거나 그런 게 필요해요. 그 대상을 생각해 보세요. 특히나 치료하는 순간만큼은 제가 그 역할을 할 거고요. 눈을 마주 보고 같이 또 믿고 의지할 수 있는 사람. 얘기를 나눌 수 있고 바라볼 수 있는, 각성을 조절하는 데 도움이 되는 그런 사람이 많으면 좋아요.

치료 중에 안구 운동하면서 우리가 부정적 기억을 할 거예요. 그 부정적 기억을 떠올리면서 안구 운동을 동시에 하는 거예요. 얘한테도 주의를 기울이고, 재한테도 주의를 기울이는 거죠. 과거의 기억이 떠오르는 건 외부 자극, 현재에 초점을 맞추는 거잖아요. 그게 바로 이 가운데에 머문 상태예요. 그런데 내가 과거 기억에 확 빨려 들어가잖아요. 그러면 얘를 못 따라가고 이쪽 과각성으로 빠지거나 아니면 저각성 쪽으로 가는 거예요. 과거 기억이 있긴 있는데, 감정이나 감각이 자꾸 건드려지면 차단돼요. 둘 다 주의를 잘 주는 상태가 가운데에 있는 상태인데, 함께했던 심장 자원 중 안전지대를 생각하면서 연습해야 해요.

밤에 잠을 일단 잘 못 주무시고 있고, 계속 깨기도 하고, 빈혈도 있고 하는 것 자체가 지금 다 가까운 조절이 안되는 상태이니까요. '지금은 위험하지 않다.'라는 걸 스스로 계속 알려주는 거예요. 그런데 어떻게 보면 어렸을 때부터 계속 긴장된 가운데 삶을 살아왔거든요. 중간에 또 그런 힘든 일을 경험하면서요. 그러면 비율이 깨지고, 그래서 어쩌면 30년 가까이 몸이 늘 경계하면서 긴장을 가지고 살아온 거예요. 그런 자신에게 '지금은 괜찮아, 지금은 괜찮아.'하고 자꾸 알려주는 거예요. 이런 활동이 다 자원이 되는 거거든요. 안정화한 다음에 작업하고 마지막에 또 안정화해서 가실 거거든요. 물론 여기에서 처리할 때 너무 많이 걸리긴 하겠지만 애가 되게 중요해요. 제대로 잘 되어 있으면 차근차근 하나 하나씩 하면 돼요. 그런데 하나가 어설프게 들어가면 또다시 뭔가 힘들어지면서 그 기억을 차단하게 되는 거예요. '아니 그냥 이제 안 할래.'하면서 몇 년 후에 다시 또 그때 해볼 마음이 생기고 이럴 수도 있거든요. 사람마다 똑같은, 혹은 비슷한 일을 경험했어도 그것들이 처리되는 데에는 시간이 다 다르게 들어가요.

제가 아까 혹시 치료 중에 현실 감각이 침투할 수도 있냐고 여쭤봤잖아요. 제가 평소에 옛날 생각을 하면서도 갑자기 현실을 생각하면서 답답해지는 순간이 잦아서 그랬어요. 그러면 이제 그때부터는 차단하기 시작하는 것 같아요. 선생님께서 말씀하셨던 과각성에서 갑자기 저각성으로 훅 가버려요. 그래서 치료받으면서도 또 갑자기 현실적인 부분을 생각하면서 이게 무너져 내릴까 봐 그게 좀 걱정이 돼요.

지금까지 뭐든지 혼자 알아서 잘해 오셨어야 해서 그거에 대한 책임을 좀 가지고 계신 게 아닌가 싶어요. 나머진 제 몫이에요. 그건 저에게 맡기세요. 제가 충분히 다룰 수 있어요. 항상 이렇게 혼자 알아서 다 해오셔서 그런지 안타까운 마음이 드네요.

그리고 그게 꼭 나쁜 것만은 아니에요. 자연스럽게 나타날 수 있는 반응이죠. 처리가 안됐기 때문에 계속 떠오르는 거예요. 그런데 계속 각성을 높여서 잠을 못 자게 하니까 그럴 때는 알아차리고 심상 자원을 가지고 연습을 하는 거예요. 기억에 거리를 두는 방법으로요.

내 안의 힘

잘 지내셨나요?

줄곧 꿈속에서 생활하는 느낌이었어요. 낮에는 그래도 일하고 집중해서 하는 것들이 있어서 괜찮다가도 새벽만 되면 생각이 더 많아지면서 잠을 못 잤거든요. 요즘 어렸을 때 기억에 관한 글을 쓰고 있는데 집중해서 쓰고 나면 아무것도 하기 싫어지고 무기력해져요. 평소에 글을 쓸 때는 즐기며 썼던 것 같고, 아침이든 저녁이든 그런 건 아무래도 상관없었는데, 요즘은 아침에 글이 전혀 안 써지고요. 새벽에 쓰고 나면 더는 아무 생각하기 싫어지면서 계속 미루고 있거든요. 진이 빠지기도 하고 회피하고 싶은 마음도 들고. 최근엔 이상한 강박까지 생긴 것 같아요. 예를 들어서 단추가 달린 옷을 갈아입는데 머리카락이 걸렸어요. 평소에는 시간이 걸려도 천천히 했던 것 같은데, 제가 인내심이 없어진 건지 단추 하나를 푸는데도 화가 나서 이걸 막 뜯어버리고 싶다는 충동이 드는 거예요. 순간 '내가 왜 이러지?'하면서 놀랐어요. 또 화장실에서도 평소에는 아무 생각 없이 볼일을 보는데 휴지를 보면 꼭 네 칸 이상 쓰지 않으면 안 될 것 같은 이상한 기분에 사로잡혀요. 평소에는 그런 생각을 한 적이 전혀 없었는데도요. 지금은 사소한 건데도 뭔가 그렇게 안 하면 안 될 것 같고, 그런 기분에 휩싸이는 저 자신이 끔찍하게 느껴져요. 테이블 위에 약 봉투가 있는 것도 진절머리 나게 싫고요. 그게 보이면 괜히 더 아파지는 것 같아서요.

행동하는 것들에 거슬리는 것이 있다는 것 자체가 상황을 통제하고 싶은 거거든요. 언제부터 자신이 그렇다는 것을 느꼈어요?

저번 상담 때까지만 해도 그러지 않았어요. 몇

주 된 것 같아요. 제가 말을 하는 것도 0.38mm 볼펜 심처럼 뾰족하게 말하는 것 같고요. 그래서 하루빨리 치료받고 싶다는 생각이 들었어요.

그러면 오늘은 그 타깃 기억을 다루는 EMDR(안구운동 민감 소실 및 재처리 요법) 치료를 시도해 볼게요. 그 타깃이 이행을 해가면서 조금씩 처리될 수 있을 거예요. 본인이 괜찮다는 생각이 드는 순간이 분명 올 거예요. 그때의 기억을 생각하면 상상되는 강력한 이미지가 있을 텐데, 그것에 대한 제목을 지어 볼게요. 너무 상처 되는 느낌을 딱 떠올리게 하는 것보다는 중립적으로 지어주는 게 좋을 것 같아요.

선생님이 때리는 장면도 기억이 나는데 제일 큰 건 다음 날 옷을 갈아입는데 몸이 시퍼렇게 멍들어 있는 거예요. 제 몸을 보고 충격을 받았던 기억이 가장 커요.

그 이미지만 떠올려도 사실 활성화가 되거든요. 그럼 감정은 어떠세요.

안전하지 않다는 생각이 들어요. 끝까지 하지 않았다고 말을 했으면 되는데 그 말을 하지 못해서 억울함이 남아있어요.

그래요. 안전하지 못하다는 건 굉장히 경계를 침범하는 그런 공격을 받은 거잖아요. 오히려 믿음을 줘야 하는 선생님이 되게 위험하게 느껴지는 상황이었어요. 자책하는 부분은 보통 나 자신에 대한 부족함에서 나타날 수 있어요. 그래서 이런 것들이 자극이 되는 순간에도 감정적으로 힘들어지고 그래요. 이제 부정적인 인지는 잠시 내려놓고 긍정적인 인지를 찾아볼 건데요. 이건 지금 내가 가진 기억은 아니지만 내가 기억을 잘 처리해서 왔을 때, 그러니까 나중에 이 기억을 딱 바라봤을 때 나에 대해서 어떻게 생각하고 믿고 싶으세요.

나는 괜찮다. 나는 그런 사람이 아니니까.

나는 괜찮은 사람이야. 이런 긍정적인 인지가 한 몇 점 정도 느껴지는지 제가 볼게요. 지금 그 일이 떠올랐을 때 '나는 괜찮은 사람이야.'라는 감정이 몇 점 정도 되는 것 같나요? 그리고 반대로 이전의 감정에서 억울했을 때의 기억에 대한 고통의 지수가 0에서부터 10점 사이에 몇 점 정도 되는 것 같나요?

괜찮은 사람이라는 감정은 2점 정도 되는 것 같고요, 고통의 지수는 8점 정도요.

지수가 강하네요. 지금 이것들을 떠올리시면서 살짝살짝 접촉하고 있는데요. 혹시 몸의 감각이 힘들거나 하면 바로 말씀해 주세요. 이제 여기서부터 한 단계씩 더 떨어지면 이게 잘 되는 거예요. 과각성에서 저각성 사이인 적정 각성이 되게끔 만드는 거죠. 적정 각성은 마음이 조금 더 편안해지는 거예요. 지금부터 기억을 처리할 준비를 할 거예요. 고통의 이미지를 떠올린 상태에서 이 기계를 바라보는 거예요. 전두엽 쪽에 자극을 주는 행위를 할 건데, 불빛이 움직이는 쪽으로 안구를 따라 움직이면 돼요. 무엇을 어떻게 생각해야 이런 것들이 아니라 바라보고 있으면 알아서 연상이 일어나거나 그 장면에 그대로 멈춰 있을 수도 있고, 오히려 구체적으로 더 들어갈 수도 있고요. 처음에는 이중으로 행동하는 게 어려울 수 있지만 꾸준히 하다 보면 결국엔 할 수 있게 되거든요. 의도대로 뭔가를 어떻게 해야 한다는 게 아니라 안구를 따라 움직이다 보면 신경계가 알아서 가요. 그렇게 하다가 제가 잠시 멈추고 무엇이 떠오르는지 물어볼 거예요. 그러면 그 순간에 알아차려지는 것을 말씀해 주시면 돼요. 이미지가 변했다거나 어디서 뭘 하고 있다거나 그 순간에 느껴지는 거라면 감정이든 뭐든 다 괜찮아요. 전혀 다른 이야기를 할 수도 있고요. 연습이라고 생각하고 그냥 편하게 하시면 돼요.

선생님, 방금 제 기억 중에서 또 다른 부분이 생각났어요. 그 친구의 엄마가 집으로 쫓아와서 저희 엄마에게 따지는 장면이요.

네, 좋아요. 그렇게 가는 거예요.

기억이 그러니까 앞의 기계 불빛의 속도처럼 엄청 빨리 지나가서요. 괜찮은지는 모르겠지만 어쨌든 생각하지 못했던 기억이 떠올랐어요. 두 번째는 교장 선생님께 불려 가서 퇴학시킨다는 협박을 받은 장면이 떠올랐고요. 마지막은 며칠 뒤에 학교를 나갔는데 아무렇지 않게 나갔던 것 같아요. 지금 생각해 보니까 멍들고 했던 것도 너무 아프고 했는데 겉으로는 보이지 않으니까 아무렇지 않게 생활하는 척했던 것 같아요. 그러니 누구도 물어보지 않고요. 기억은 아프지만 그래도 '아무렇지 않은 척이라도 하면서 지냈구나.' 하는 생각이 들었어요.

네, 좋아요. 그게 그 아이에게 어떤 자원이 있었기 때문인지 알 수 있을까요? 그 아이가 강한 척이라도 하면서 버틸 수 있게 하는 어떤 힘이나 내면에 강한 무엇이 있었기 때문일 것 같은데요.

정말 주위에 아무도 없었던 것 같은데, 처음에는 미운 사람들에게 강한 척하려고 그랬던 것 같아요. 존재는 아니지만 생각해보면 저희 집 앞에 저수지가 있었거든요. 말을 할 때부터 그곳을 저만의 구바다라고 불렀어요. 그리고 어렸을 때부터 혼자서 그곳을 매일 걸었어요. 동네 친구들이랑 많이 놀기도 했고요. 지금도 구바다를 가면 마음이 엄청나게 잔잔해지거든요. 그래서 힘들 때마다 구바다가 생각나요. 성인이 되어서도 그곳에 가만히 앉아서 물이 흐르는 거나 새가 날아가는 거나 해가 지거나 구름이 뜨는 것을 보고 그랬어요. 그곳에 있으면 답답한 가슴이 잔잔하게 가라앉는 기분이 들었고 지금도 그래요.

사실 그 당시 부모님이 충분히 힘이 되어주지 못하는 상황이었기 때문에 그 부분을 어린 내가 스스로 이겨낸 거거든요. 그러니까 사실 다 치유하면서 이겨낸 건 아니지만, 그 시간을 그렇게 견뎌낼 수 있었던 그 아이한테 그만큼의 힘이 있었던 거예요. 그렇다면 그 장소에 다른 누군가를 데려오는 작업을 해볼게요. 무엇이라도 좋아요. 그 아이가 혼자이지 않게, 그 장면으로 끝맺으면 속상할 것 같거든요.

누구도 힘이 될 것 같지 않았을 것 같은데, 봄이도 괜찮을까요? 저희 집 개요. 그때 봄이가 있었더라면 더 괜찮을 수 있었지 않았을까 하는 생각이 들어서요.

좋아요. 그 장면을 생각하면 어떤 감정이 드세요?

옆에 가만히 앉아 있는 상상을 잠시 했는데 편안해지네요. 잠깐 또 슬펐다가 또 괜찮아졌어요. 그런데 봄이를 생각하니까 갑자기 울컥해서요.

지금 감정으로 몸을 살펴볼게요. 좋은 감정에서 치료를 끝내는 게 조금 더 회복에 도움이 될 거예요. 아마 처음에는 적응이 안 돼서 계속 눈만 따라가는데 신경 쓰느라 이미지를 생각 못 하셨을 텐데 처음치곤 곧잘 하셨어요.

네. 처음부터 연결되는 이미지는 아니어도 부분마다 사진처럼 연결되서 생각이 나더라고요. 평소에 그 기억을 생각할 때는 떠오르는 특정 장면들만 몇 개가 있었는데 눈을 움직이면서 생각을 하니까 전에 기억나시 않았던 상황들이 떠올라시 신기했어요.

말씀하신 것처럼 처음에는 기계의 불빛만 따라

가게 되고 연결이 안 되는데 후반으로 갈수록 그런 것들이 떠올라요. 기억이 저장되어 있기는 한데 평소에는 떠오르지 않았던 것들도 그렇게 연결되면서 처리하려고 하는 거거든요. 그래서 지금 이 안에는 되게 여러 가지 감정이 들어가 있는 것 같아요. 그리고 이제 개입해야 할 상황도 많아졌어요. 이런 것들을 앞으로 하나하나 다루면서 천천히 처리해 나갈 거예요.

저 마지막으로 궁금한 게 있는데요. 한 번도 생각이 나지 않았던 기억인데 교장 선생님께서 교장실에서 저를 접주시던 날, 동그란 거울을 보면서 작은 가위 같은 걸로 코털을 자르시면서 퇴학 이야기를 하셨거든요. 갑자기 그 장면이 떠오르면서 원래는 두려웠는데 갑자기 또 약간 코미디처럼 웃기기도 한 거예요.

여러 가지 이유를 설명해 드릴 수도 있지만 이런 식으로 신경계가 처리해 나갈 때 자신에게 도움이 되는 것들을 계속 떠올려 보면서 가거든요. 그래서 아까도 이게 왜 떠올랐는지 생각을 하는 것보다는 떠오르는 대로 따라가 보는 거예요. 트라우마의 특징이 사실 그때그때 어떤 장면이나 순간들이 지금 보는 것처럼 생생하게 떠올라요. 그런데 치료하다 보면 생각하지도 못했던 장면이 떠오르기도 하고, 되게 두렵게 하는 그 장면이 상황에 따라 변하기도 해요. 또 그 일 자체가 일어난 걸 없앨 수는 없지만, 내가 현재에서 이 기억을 떠올렸을 때 드는 여러 가지 이미지나 감정이 바뀔 수는 있어요. 바뀌어 나가는 걸 스스로 목격을 하는 거고요. 내 안에 처리할 것들이 많기는 하지만 순간순간 이렇게 보내면서 금방 연결되는 얘기를 하거든요. 이게 김로로 님의 힘인 것 같아요. 그래서 기억을 다루면서 힘들기만 하지 않고, 앞으로 점점 더 나아갈 수 있을 것 같다는 생각이 드네요.

갇힌 기억으로부터의 자유

　내 증상은 아주 어린 시절부터 나타났다. 불면과 심장 떨림, 호흡곤란. 매일 이유를 모르는 어떤 문제를 안고 살아가는 듯한 기분이 들었다. 누구도 이해하지 못하는 문제들을. 심장이 쪼그라들게 아프면서 당장이라도 죽을 것만 같은 심정으로 몇 번이나 구급차에 몸을 실었다. 그동안 수많은 의사를 만났지만 내 증상은 여전했다. 시간이 지나 보통의 사람처럼 취식히고 사회생활을 했지만 증상은 여전히 사라지지 않았다. 그리고 고통은 시도 때도 없이 나를 찾아왔다. 나는 내 인생이지만 내 몸과 마음에 대한 해결책을 찾지 못했다. 20년 정도 고통을 겪고 난 지금, 나에게 불안장애와 수면장애, 하지 불안 증후군이라는 병이 있음을 알게 되었다.

어린 시절의 기억에 갇혀 뇌가 위험하다고 느끼는 순간에 공포와 무력감을 몸이 가장 먼저 느낀다. 아무리 일회성 사건이라고 하더라도 당시의 부정적인 감정이나 신체적인 감각은 고스란히 저장되고, 몸을 통제할 수가 없게 된다. 호흡이 곤란해지고 어지럼증이 시작되면 대처가 안되는 상황 자체도 나에게는 공포로 다가왔다. 몸에 집중하면 마음을 볼 수 없었고, 마음에 집중하면 몸을 돌볼 수가 없었다. 수년이 지나고 트라우마 상담 센터를 다니면서부터는 이런 신체 반응을 유발하는 기억을 처리해야 비로소 내가 자유로워진다는 것을 알게 되었다.

지금 성인의 관점에서는 사소해 보이는 사건도 그때 어린아이의 관점에서는 당시의 사건이 압도적일 만큼 외상적이라 그 기억이 처리되지 않은 채 뇌에 갇힌 것이다. 그렇게 기억에 갇힌 채 고통과 불확실성을 안고 살아간다. 무릎을 치면 반사적으로 움직이듯, 몸도 마음도 나의 의도와 상관없이 반응한다. 이전의 기억이 그렇듯 반사적으로 떠오를 때마다 나는 수없이 괴로웠다. 그러나 지금은 다른 내가 되어 그 기억을 먼발치서 바라보는 것 같은 기분이 든다. 트라우마 치료는 나는 누구이고, 왜 지금의 내가 되었는지 이해하도록 도왔다. 숨겨진 풍경처럼 이유도 몰랐던 어떤 문제를, 몸이 기억하는 말을 따라 조심스레 꺼내어 다른 감정으로 들여다보게 했고, 고통과 시련에 어떻게 대처해야 하는지 가르쳐줬다. 이제 나는 그날의 내가 아니다. 자신을 스스로 통제할 힘이 생겼기 때문이다.

이제는 숨통을 조여오던 이전의 기억을 떠올리며, 과거의 감정을 그대로 되살리려는 행동이 스스로에게 얼마나 어리석은 일인지 안다. 내가 나를 더 아프게 하는 일이라는 것을. 몸이 기억하는 말들, 여전히 사라지지는 않았지만 조금은 무뎌진 기억이 찾아오면 그 시간을 그대로 둔 채 지금을 생각한다. 시간이 지나 내 안에 차곡차곡 쌓여 힘이 되고 역사가 되는 기억들도 반드시 있다. 매일 밤 지나간 하루를 되돌아보기보다는 기대되는 내일을 상상하며 잠들고 싶다.

김로로

작가소개

깊은 사색이 담긴 장면과 문장을 찍고 쓴다. 깊은 것은 사진으로, 사색은 글로 다룬다. 몸과 마음의 병을 앓고 나면서 잃어버린 소중한 가치를 기억해 내기 위한 사진과 글쓰기를 시작했다. 세상에 연결된 모든 것들에 다정한 위로를 건네고 싶다. 지은 책으로는 <일소된 세계>, <초록의 자세>, <blue day film book>, <Ekii mukk>가 있다.

Instagram @loro__s

몸이 기억하는 말들

몸이 기억하는 말들
STORAGE BOOK & FILM series #12

글 **김로로**

편집 **오종길**
디자인 **김현경**

펴낸곳 **STORAGE BOOK AND FILM**
홈페이지 **storagebookandfilm.com**
이메일 **hbcstorage@gmail.com**

instagram **@storagebookandfilm**

초판 1쇄 **2023년 3월 20일**
초판 3쇄 **2025년 11월 10일**

*이 책의 내용의 전부 또는 일부를 재사용하려면
펴낸곳을 통해 저작자의 동의를 받아야 합니다.